Wolfgang Junglas

Wein Orte an der Mosel

ENTDECKEN ~ ENTSPANNEN ~ ENTKORKEN

D

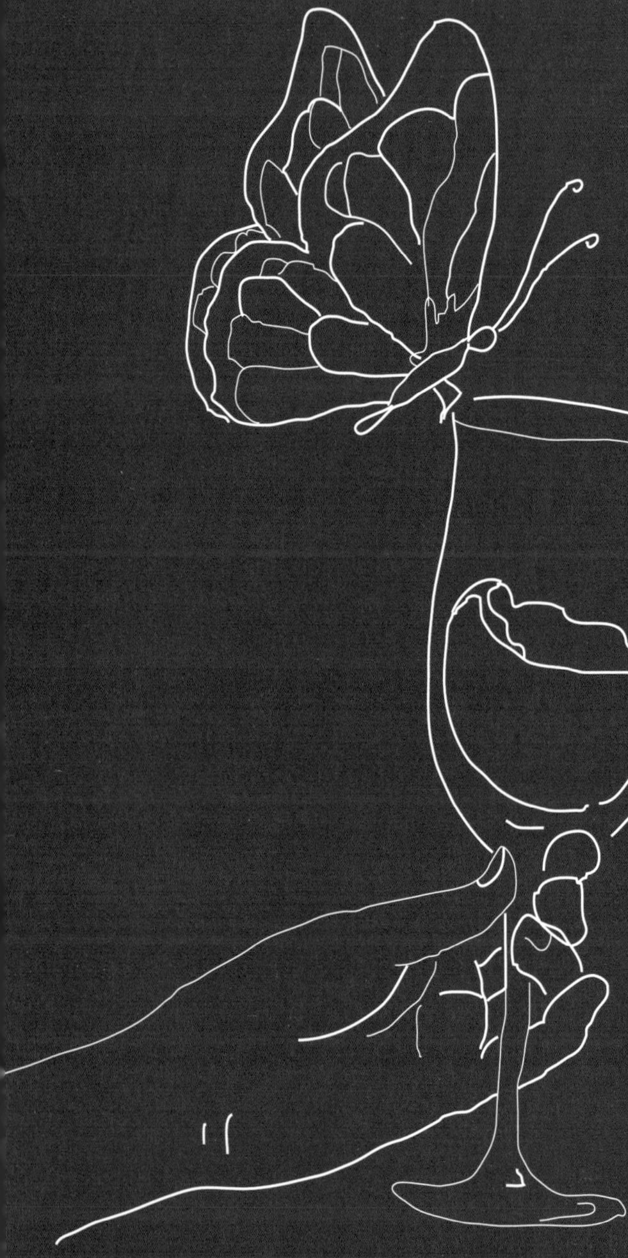

Liebe Genusssuchende,

ich bin in der rauen Eifellandschaft aufgewachsen – an die Mosel zu fahren, bedeutete für mich schon immer ein Ausflug in eine lebensfreundliche, liebliche Welt. Über Jahrzehnte habe ich als Weinjournalist die Entwicklung des Weinbaus und der Gastronomie in dem weltberühmten Tal sowie an Saar und Ruwer begleitet. Die beliebte Touristenregion befreit sich aus ihrem verstaubten Image und geht mit neuen Ideen in die Moderne. Zur spektakulären Steillagenlandschaft passen nun wieder die herausragenden Weinqualitäten, die wunderschöne Architektur, die nachhaltige Landschaftspflege und die innovative, aber bodenständige Gastronomie.

Die Moselaner scheinen zu sich selbst zu finden – zwischen Weinfesten, Trachtentanzgruppen und modernen Weinevents engagiert sich der Nachwuchs wie die „Moseljünger" mit viel Energie und Kreativität für die Entwicklung der Region.

Ob am Moselufer mit dem Fahrrad unterwegs, beim Wandern auf dem Moselsteig in den dramatischen Weinbergen, bei einer Schiffstour oder in einer Weinwirtschaft: Der Besuch von Mosel, Saar und Ruwer und der liebenswerten Menschen garantiert Ihnen einen nachhaltigen Genussurlaub. Eine Glückserfahrung mit Langzeitwirkung!

Herzlich Ihr Wolfgang Junglas

WEINORTE

an der Mosel

WEINORTE

an der Mosel

1

Bühne frei für Weinkultur

Haus Waldfrieden in Alf

Licht aus – Spot an: Auf der Bühne im hoch über der Mosel liegenden Haus Waldfrieden spielt sich seit 1985 Kultur in einem lockeren Rahmen auf hohem Niveau ab. „Andere fahren ein dickes Auto, ich leiste mir halt Kultur“, lautet die Philosophie des Winzers und Doktors der Naturwissenschaften Ulrich Stein. Das Veranstaltungskonzept lautet: guter Wein und Kultur mit namhaften Künstlern in einem vergleichsweise kleinen Rahmen mit einzigartiger Atmosphäre.

„Der Eintritt geht zu 100 Prozent an die Kunst!“ – und die Künstler kommen gerne an die Mosel. Die Kölner Szene und der Frankfurter Raum sind stark vertreten: Wolfgang Niedeckens BAP war da, Gerd Köster tritt alljährlich auf, Jahrzehnte lang wurde das Kulturprogramm mit der Traditionellen Osterlesung der Neuen Frankfurter Schule eröffnet. Stein widmete einst sogar einen Wein Robert Gernhardt – der zeichnete auch das Etikett dazu. Der Satiriker und Zeichner antwortete dem „Stern“ auf die Frage, was er im Ausland am meisten vermisse: „Die Rieslinge von Uli Stein aus Alf an der Mosel.“

Auf der Bühne ist Vielfalt angesagt: Klassik bis Blues, Rock bis Jazz, Kleinkunst, Lesungen und „Weine schmecken und hören“ – eine musikalische Weinprobe. Es sind häufig magische Abende, die mit rund 70 Zuschauern gefeiert werden.

Weinbau gibt es in der Familie Stein schon seit dem 16. Jahrhundert. Vater Heinrich Stein verfolgte schon in den 50er- und 60er-Jahren einen qualitätsorientierten, eigenständigen Kurs. Die Söhne Ulrich und Peter sind seit der Betriebsübernahme 1982 diesen Weg konsequent weitergegangen. In den Steilstlagen Himmelreich, Hölle, Klosterkammer und Palmberg bauen sie vor allem Riesling, aber auch Spätburgunder und die in Bordeaux üblichen Rebsorten Cabernet Sauvignon und Merlot an. Der Winzer Ulrich Stein schafft die Verbindung von Kultur und Wein über Künstleretiketten: Musiker und Cartoonist Udo Schöbel, Karikaturist F. K. Waechter, Lyriker und Grafiker F. W. Bernstein und Loriot sind auf Steins Rotweinflaschen grafisch verewigt.

TIPP
Experimentelle „Grenzgänger“-Weine probieren.

Weingut Stein
Brautrockstraße 40
56859 Bullay
Tel. (06542) 9 01 91 19
www.stein-weine.de

2

Die Guides zum Weinparadies

Kultur- und Weinbotschafter an der Mosel

„KuWeiBos“ ist der Kosename für die qualifizierten Weinguides an der Mosel, die sich in ihrer Heimat genau auskennen. Sie wissen nicht nur wo es langgeht – sie erzählen dazu auch spannende und unterhaltsame Geschichten. Die regionalen Weinexpertinnen und -experten kommen häufig aus dem Weinbau – auf jeden Fall haben alle für ihre Tätigkeit ein spezielles Training absolviert.

Über die Webseite können Weininteressierte die Weinguides nach Region und Thema aussuchen und direkt buchen – ein unvergesslicher Wanderspaß ist garantiert. Monika Truntschka zum Beispiel wandert an der Südlichen Weinmosel durch Nittel und erklärt, was es mit den seltenen Rebsorten Elbling und Auxerrois auf sich hat. Sie wechselt auch die Moselseite zum gegenüberliegenden Luxemburg mit anschließender Weinprobe. Christiane Beyer gibt sich als „Lady Katie“ aus dem Jahre 1910 aus und führt in der Rolle der Gattin eines englischen Weinkommissionärs durch die romantische Stadt Saarburg. In Trier, Deutschlands ältester Stadt, bauten schon die keltischen Treverer und die Römer Wein an. Bei der Laufweinprobe mit Ewald Thömmes erfahren die Gäste viel über die Trierer Weingeschichte und verkosten Weine in verschiedenen Weingütern. Weine dort probieren, wo sie wachsen: Kerstin Müllers erzählt in der bekannten Lage Kröver Nacktarsch die Geschichte von der Stockerziehung des kleinen Rieslings und führt die Besucher auf dem Weinkulturweg entlang an alten Weinbergs- und Kellergeräten. Naturraum Weinberg – das „WoodWideWeb“ der Pflanzen: Wie in der Natur kommuniziert wird, erzählt die speziell ausgebildete Naturerlebnisbegleiterin Heidi Spang bei ihrer Wanderung durch die Weinberge bei Osann-Monzel. Neben Weinen werden auch Kräuterpesto und Fladenbrot verkostet. In gleich vier Rollen schlüpft der Koblenzer Theologe Kalle Grundmann: Während seiner unterhaltsamen Führung „Der Koblenzer Weinknecht“ tritt er als römischer Sklave, als „Wingertsmann Karlemann“ aus dem Mittelalter, als Weinküfer aus dem 19. Jahrhundert und als Moselwinzer Carl Bremm auf, der Koblenz im Jahre 1926 besucht.

TIPP
Das Projekt Kinderwingert wird an vier Standorten angeboten.

Kultur- und Weinbotschafter Mosel
Kerstin Müllers, Plenterstraße 57
54536 Kröv, Tel. (0 65 41) 81 04 73
www.kultur-und-weinbotschafter-mosel.de

3

Hippe Weinbar an der Porta Nigra

Weinbar in Trier

Wie behält man bei einer Auswahl von über 230 Weinen den Überblick? Wie findet man den Wein, der einem schmeckt? Ganz einfach: Man fragt jemanden, der sich damit auskennt! Sommelière Adrienn Pasztusics kennt sich mit Wein aus. Sie weiß, welches Geschmackprofil die einzelnen Rebsorten haben, weiß um die Jahrgangsunterschiede. Und sie kennt sich mit Menschen aus. Als Restaurantleiterin in der Sterne-Gastronomie hat sie gelernt, auf Kundenwünsche einzugehen. Wenn Besucher beschreiben, welchen Weingeschmack sie haben, hört Adrienn genau zu und nimmt dann treffsicher die passende Weinflasche aus dem Regal. Für den kompetenten Service und die Weinkarte wurde die Weinbar vom Magazin „Falstaff“ ausgezeichnet. Damit zählt sie zu den besonderen „WeinPlaces“, an denen Wein leidenschaftlich gelebt wird und die sich durch ungezwungenen Weingenuss und engagierte Weinpersönlichkeiten definieren.

Die Weinbar verteilt sich über zwei Ebenen: Im Erdgeschoss befindet sich der Weinladen mit Verkostungsmöglichkeiten, im gemütlichen Obergeschoss gibt es Sitzgelegenheiten für Weinevents mit Winzern und andere Veranstaltungen. Auf der großen Tafel an der Theke stehen die 21 aktuellen Weinangebote, die offen ausgeschenkt werden. Überwiegend sind Weine von über 65 Weingütern von Mosel, Saar und Ruwer vertreten – aber auch von anderen deutschen Weinanbaugebieten sowie Weine aus Frankreich, Spanien, Italien und Übersee. Bei der Auswahl fällt auf, dass die Weinliste eine individuelle Handschrift trägt. Es wird nicht nur nach großen Namen gelistet, sondern nach Fachkenntnis. Aufstrebende Weingüter wie Endesfelder kann man entdecken, Lenhardt und Bollig hat auch nicht jeder auf dem Schirm. Für den kleinen Hunger gibt es italienische Snacks wie Prosciutto, Salami, Oliven oder Oliven-Paté. Die Trendbar in Sichtweite der Porta Nigra, des Trierer Wahrzeichens, ist sehr beliebt – gerade auch beim jüngeren Publikum. Ganz locker stehen die Kunden auch schon mal draußen vor dem Geschäft am Anfang der Fußgängerzone und genießen das bunte Stadtleben.

TIPP
Vor oder nach dem Weingenuss bietet sich ein Besuch der Porta Nigra an.

Weinbar Trier
Simeonstraße 12
54290 Trier,
Tel. (06 51) 99 46 69 55
www.weinbar-trier.de

Deutsche Weine

Mythos Mosel – eine Weinreise

Komm, wir fahren mal an die Mosel!" Die freundliche Aufforderung klingt nach Freizeit, Genuss, Urlaub. Einer der schönsten Flüsse in Europa ist für viele ein **Sehnsuchtsort** – der sich über Hunderte von Kilometern erstreckt. Die Mosel entspringt in den Vogesen auf 700 Metern Höhe, fließt dann 313 Kilometer durch Frankreich, mäandert anschließend 231 Kilometer durch Deutschland, bis sie in Koblenz in den Rhein mündet. Wie auf einer endlosen Perlenschnur reihen sich die romantischen Weinorte aneinander – das Weinland mit den dramatisch steilen Weinbergen lässt sich deshalb am besten reisend erleben.

Der Mythos Mosel: Genuss auf Weltniveau

Die **beeindruckend schöne Landschaft** fasziniert Besucher schon seit Jahrhunderten. In schwindelerregender Höhe wachsen Rebstöcke auf Terrassen – das prägt die Landschaft und die Menschen, die hier leben. Die ersten Touristen an dem lebensfrohen Fluss waren wohl die Briten. Im Zuge der romantischen Bewegung besuchten sie Anfang des 19. Jahrhunderts die Moselregion. Allen voran der berühmte englische Maler William Turner, der einige sehr schöne Gemälde von der Mosel hinterlassen hat. Sie sind in der Londoner National Gallery zu besichtigen. In der zweiten Hälfte des 19. Jahrhunderts begann langsam der kommerzielle **Tourismus an der Mosel** – ein Segen für die arme Region. Kurorte wie Traben-Trarbach waren bei den gekrönten Häuptern und Europas Geldadel sehr beliebt. Und der Moselwein eroberte die festlichen Tafeln der Reichen und der Aristokraten: Der sortenreine Riesling gehörte zu den besten und teuersten Weinen der Welt. Der Mythos Mosel entstand: Genuss auf Weltniveau.

Heute möchte die Region an diese glorreichen Zeiten anknüpfen. Die Weine an Mosel, Saar und Ruwer gehören wieder zur Weltspitze. Neben der hohen Qualität der Weine steht die einzigartige Kulturlandschaft mit ihrer Flora und Fauna im Mittelpunkt. Die aktuellen Themen im Weinbau und im Tourismus sind **naturnaher Weinbau und Nachhaltigkeit.** Junge Winzerinnen und Winzer prägen das Erscheinungs-

bild der Moselregion neu. Mosel 2.0 bedeutet **Tradition und Moderne:** Die neue Generation verbindet mühelos Engagement in den sozialen Medien und die Teilnahme in Winzertanzgruppen. „Moseljünger" nennt sich sinnigerweise ein Verein, den keinesfalls religiöse Motive verbinden. Es handelt sich um den Zusammenschluss von derzeit 17 Winzerbetrieben, in dem keines der Mitglieder älter als 40 Jahre ist. Eine ähnliche Jungwinzerbewegung wie die „Generation Riesling".

2014 haben die Moseljünger das Veranstaltungsformat **„Mythos Mosel. Eine Riesling Reise"** ins Leben gerufen. Die Idee: Drei jeweils etwa 20 Flusskilometer lange Moselabschnitte wechseln sich turnusmäßig als Gastgeberregion ab. Zum Beispiel 2024 der Bereich von Ürzig bis Briedel, 2025 Detzem bis Wintrich und 2026 Kesten bis Zeltingen. Bei dieser Jahrgangsverkostung am Wochenende nach Pfingsten öffnen rund 30 Weingüter ihre Hoftore und schenken ihre aktuellen Weine aus. Jedes Weingut hat zudem drei Winzer von der restlichen Mosel zu Gast: An jeder Station können die Weinfreunde also die Tropfen von vier Weingütern probieren. Im Eintrittspreis inbegriffen sind alle Verkostungen, Wasser und Brot sowie die Nutzung des Bus-Shuttles, der die Weingüter miteinander verbindet. Wer flott ist, kann an einem Wochenende über 700 Weine verkosten! An den einzelnen Stationen unterhalten Weinparties und Winzermenüs die Besucher. So renommierte Weingüter wie J. J. Prüm, Fritz Haag und Dr. Loosen sind ebenso vertreten wie Markus Molitor, Selbach-Oster oder Heymann-Löwenstein: die Crème de la Crème der Moselweingüter. Unkomplizierter Weingenuss bei Freunden: So bleibt der Mythos Mosel lebendig.

4

In einer anderen Zeit

Hotel Bellevue in Traben-Trarbach

Willkommen, bienvenue in einer anderen Welt: Schon im Foyer beginnt die Sinnesreise in die Belle Époque. Geschwungene Formen und detailreiche Dekors empfangen die Gäste im einzigen komplett erhaltenen Jugendstilhotel Deutschlands. Das kunstvolle Treppenhaus aus dunklem Holz mit den typischen Jugendstillampen mit sichtbaren Glühbirnen und den großen bunten Fenstern setzt den imposanten Rahmen für eine ungewöhnliche Zeitreise. Entworfen wurde das Hotel von dem bekannten Jugendstil-Architekten Bruno Möhring.

Mit viel Leidenschaft und Liebe zum Detail erhält der Schwarzwälder Matthias Ganter das Hoteljuwel an der Mosel. An der geschwungenen Rezeption checkten schon Freiherr von Richthofen und Heinz Rühmann ein. Fasziniert entdecken die Gäste Kleinode wie die goldene Pendeluhr, den geschnitzten Hahn als Glockenhalter und die Klingelanlage von 1903, bei der die Zimmernummer beim Portier in ein Sichtfenster fällt, wenn ein Gast den Service anfordert.

Stimmig bis ins Detail: Jeder Gast erhält eine Flasche Traben-Trarbacher Felsenwasser aus der Therme aufs Zimmer. Das Jugendstiletikett dafür wurde vor über 100 Jahren entworfen. Bemalte Holzdecken in den Fluren illustrieren den Weg zu wunderschönen Gasträumen. „Das Stübchen" ist üppig bemalt, die bunten Bogenfenster erinnern an eine Kapelle. Selbst die originale Heizungsverkleidung schimmert bronzen im Jugendstil. Das elegante Restaurant „Belle Époque" verzaubert die Gäste. Stilgerecht bietet die Küche Fine Dining an. Auf der umfangreichen Weinkarte findet sich das Who is who der Moselwinzer. Bei verschiedenen Weinveranstaltungen wie „Weingut des Monats" stellen prominente Weinmacher ihre Weine persönlich vor. Aber auch ausgezeichnete französische Weine stehen auf der Karte – schließlich entspringt die Mosel in Frankreich. Das Bellevue zählt zu den schönsten Weinhotels in Deutschland. Der stimmungsvolle Wellnessbereich mit Schwimmbad und Panoramasauna mit Moselblick runden das Genusserlebnis im Bellevue ab.

TIPP
Stilvoll in der Hotelbar im Pariser Jugendstil den Aperitif einnehmen.

Romantik Jugendstilhotel Bellevue
An der Mosel 11
56841 Traben-Trarbach
Tel. (0 65 41) 70 30
www.bellevue-hotel.de

REZEPTION

5

Weingenuss im Garten Mosel

Weingut Lehnert-Veit in Piesport

Mosel-Gastfreundschaft wie aus dem Bilderbuch: Direkt am Moselufer gelegen, ein malerischer, parkähnlicher Garten mit wunderschönen Bäumen und einem großen Brunnen als zentralem Punkt – dazu Weine aus einer der besten Mosellagen, dem Piesporter Goldtröpfchen. Was kann es Schöneres geben? Der Familienbetrieb Lehnert-Veit produziert hoch bewertete Weine und betreibt Weinbau schon seit 1653 – heute ist die neunte und zehnte Generation am Start. Die Straußwirtschaft „Moselgarten" ist ein romantischer Ort für Weingenießer, Fahrradfahrer vom vorbeiführenden Moselradweg und Wanderer.

12 Hektar ist genau die Größe, die eine Familie noch weitgehend alleine bewirtschaften kann. Schwerpunkt ist natürlich zu zwei Dritteln der Riesling – aber bei Lehnert-Veit empfiehlt es sich, auch für die Mosel nicht ganz so typische Rebsorten zu probieren. Kellermeister Peter Lehnert hat ein Händchen für den Ausbau von Chardonnay, Grau- und Weißburgunder, Sauvignon Blanc, Merlot und den hochgelobten Spätburgunder. Schon die unkomplizierten Gutsweine überzeugen, besonders der feinherbe Riesling, der saftige Rivaner und die Rotwein Cuvée aus Spätburgunder und Merlot. Zur absoluten Spitze gehört der Piesporter Goldtröpfchen Riesling Kabinett Alte Reben – ein Hochgenuss mit geringem Alkoholgehalt! Im Weinberg betreibt die Familie den sogenannten „integrierten Weinbau": Die Rebstöcke werden nur wenig angeschnitten, Familie Lehnert düngt organisch, und nur gesunde Trauben kommen in den Keller.

In der Straußwirtschaft stehen alle Weine auf der Liste. Die Küche unter der Federführung von Ingrid Lehnert bietet ein umfangreiches Angebot von klassischen Winzerspezialitäten – aber auch leckere Tapas, Rostbraten, Fischgerichte und feine Desserts. Ein Bett im Weinberg: Der Wohlfühlort am Moselufer verfügt auch über ein kleines Weinhotel. Das umfangreiche Frühstücksbuffet wird stilecht in der Vinothek serviert – mit traumhaftem Blick auf den Fluss und die steilen Weinberge. Das Weingut eignet sich perfekt für eine mehrtägige Erholung.

TIPP
Das Weinhöfefest im August besuchen.

Weingut Lehnert-Veit
In der Dur 6–10
54498 Piesport
Tel. (0 65 07) 21 23
www.lehnert-veit.de

6

Rosa Weinbergszauber

Weinberg-Pfirsich-Markt in Cochem

Im Frühling blühen die Weinberge entlang der Mosel noch vor dem Austrieb der Rebstöcke prachtvoll rosa: Die Bäume des roten Weinbergpfirsichs verzaubern die Kulturlandschaft mit Farbtupfern. Die Römer brachten die mediterrane Frucht an die Mosel – „Perserapfel“ genannt. Heute wachsen 80 Prozent der Moselpfirsichbäume rund um Cochem. Mehr als 10.000 Bäume wurden in den letzten Jahren gepflanzt – weitere sind geplant. Die süße Frucht bereichert die regionale Winzerküche – und im Weinberg nehmen die zierlichen Bäumchen kaum Platz weg.

In Cochem können Besucher den roten Weinbergpfirsich im Frühling und im Herbst feiern: beim Blütenmarkt im Frühjahr locken die ersten warmen Sonnenstrahlen die Gäste in die Stadt. Das Fest eröffnet die Weinbergpfirsich-Fee mit einem Glas Kir Moselle: Rieslingsekt mit Pfirsichlikör. Zwischen den Ständen sitzen die Moselaner in Volksfeststimmung auf langen Bänken an Tischen und genießen die gesunde Steinfrucht. Es ist schon verblüffend, welche Leckereien mit Pfirsich angeboten werden: Liköre und Brände, Brotaufstriche und Konfitüren, Eis, Bowlen, Pralinen und Kuchen. Auch Chutneys, Essig und sogar Pfirsichsenf findet man an den Ständen. Überall liegen Löffel zum Probieren bereit. Auch die Restaurants bieten Weinbergpfirsiche zu verschiedenen Gerichten an – zum Beispiel karamellisiert in Panna Cotta oder als Beilage zum Regionalgericht Döppekooche.

Nicht jede Frucht darf sich „roter Weinbergpfirsich“ nennen. Die Interessengemeinschaft MoselWeinbergPfirsich achtet auf die regionale Herkunft und die richtige Sorte. Der rote Weinbergpfirsich ist klein und hart, mit einer unauffälligen grauen Pelzschale. Darunter verbirgt sich eine Delikatesse mit aromatisch herb-süßem Geschmack – das rubinrote, saftige Fruchtfleisch. Ein gesunder Genuss: Der Weinbergpfirsich enthält doppelt so viele Antioxidantien wie Äpfel.

Im Weinherbst wiederholt sich in Cochem das Schauspiel. Die Pfirsichbäume leuchten jetzt tiefrot in den gelb gefärbten Riesling-Weinbergen – Zeit für den Erntemarkt in Cochem.

TIPP
Leckere Vorspeise: Weinbergpfirsichspalten mit Büffelmozzarellascheiben.

Blütenmarkt und Erntemarkt des WeinbergPfirsich
Endertplatz 1, 56812 Cochem
Tel. (0 26 71) 6 00 40
www.ferienland-cochem.de

7

Den Sternen so nah

Wein- & Tafelhaus Oos in Trittenheim

Ein Besuch im Wein- & Tafelhaus Oos fühlt sich an wie ein wunderschöner Sommerabend im kulinarischen Paradies. Die Gäste sitzen draußen auf der Terrasse und genießen den atemberaubenden Blick auf den berühmten Weinberg Trittenheimer Apotheke. Abends glänzen Sterne am Himmel – und auf dem Tisch. Der herzliche Service serviert eine authentische Aromenküche, die den Originalgeschmack der verwendeten Produkte gekonnt verstärkt. Die französisch angehauchte gehobene Landhausküche verwöhnt die Gäste mit Kaisergranat aus der Bretagne, Fleisch aus der Eifel und Käse aus der Region.

Alexander und Daniela Oos haben eine außergewöhnliche Genussoase an der Mosel geschaffen. Eine beliebte Weinwirtschaft verwandelten sie in ein ambitioniertes Wohlfühlrestaurant auf hohem Niveau. Schon 2004 erkochte der Saarländer in Trittenheim den ersten Stern – damals war dies der erste Michelin-Stern an der Mosel überhaupt. Fine Dining wurde an der Mosel eher selten angeboten. Auf der umfangreichen Weinkarte sind die wichtigsten Moselweingüter vertreten. Und zudem Grüner Veltliner: Diese Rebsorte kennt Daniela Oos aus ihrer Tiroler Heimat. Das Weinkennerpaar hat 700 Rebstöcke der österreichischen Rebsorte an der Mosel angepflanzt. Eine Reminiszenz an die Alpenrepublik ist auch die Greißlerei: ein Hofladen, in dem die Familie eine Auswahl an feinen regionalen Lebensmitteln und Weinen zu Ab-Hof-Preisen anbietet. Hier können Weinfreunde noch unbekannte, aufstrebende Mosel-Weingüter entdecken.

Leckere Menüs selbst gekocht: In der Kochschule bereiten Hobbyköche unter der Anleitung von Sternekoch Alexander Oos ein Vier-Gänge-Menü zu einem bestimmten Thema zu – und verkosten es danach im Tafelzimmer mit korrespondierenden Weinen. Nahbarkeit und Freundlichkeit ist ein Qualitätsmerkmal im Wein- & Tafelhaus: In dem familiären Boutiquehotel gibt es nur sieben Zimmer, ausgestattet mit Möbeln aus einer heimischen Schreinerei. Von allen Zimmern aus haben die Gäste einen freien Blick auf die Mosel und die Weinlage Trittenheimer Apotheke.

TIPP
Das Landausflug-Arrangement mit Übernachtung und Drei-Gänge-Menü ist unter der Woche günstiger.

Wein- & Tafelhaus
Moselpromenade 4
54349 Trittenheim
Tel. (0 65 07) 70 28 03
www.wein-tafelhaus.de

8

Weinbau wie anno dazumal

Weinmuseum in Senheim

Welche Arbeiten muss ein Winzer im Weinberg erledigen? Wer dies genau wissen will, begibt sich zur Expedition in die Vergangenheit zuerst in den Weinkeller des Museums. Hier werden alle Sinne angesprochen – die historischen Exponate und die typischen 960-Liter-Mosel-Fuder-Fässer sind kunstvoll illuminiert. Und plötzlich beginnt es zu blubbern und eigenartig zu glucksen: Zu einem lebendigen Weinmuseum im Weinkeller gehören authentische Gärgeräusche dazu. In eigens installierten Sprachboxen können Besucher weitere Informationen abrufen. Dies ist auch nötig: Bei vielen der über 10.000 von der Familie Schlagkamp in vier Jahrzehnten liebevoll zusammengetragenen Gegenständen ist auf den ersten Blick nicht erkennbar, wofür es genutzt wurde.

Aus dem Keller führt eine kleine Treppe in das alte Kelterhaus. Neben unterschiedlichen alten Weinpressen bestaunen Weinfreunde hier Geräte, mit denen früher Weine abgefüllt und verkorkt wurden. Im großen Festsaal von 1923 scheint die Zeit stehen geblieben zu sein: alles wie früher. Die Inneneinrichtung und die kleine historische Bühne erinnern an die „gute alte Zeit". An den Wänden hängen fein säuberlich aufgereiht Hunderte von Alltagsarbeitsgeräten des Winzerhandwerks. Eine der größten privaten Sammlungen von Winzer- und Küfergegenständen! Beeindruckend ist auch die Aufreihung historischer Rebmesser: Deren Form hat sich seit der Römerzeit über Jahrhunderte kaum verändert. Nach dem Rundgang haben Weinfreunde einen guten Eindruck gewonnen, wie die Traube vom Rebstock über die Presse und das Fass ins Glas kommt. Im Festsaal können die Gäste mit einer Weinprobe die Arbeit des Winzers wertschätzen.

Das Weingut Schlagkamp-Desoye wird mittlerweile in der elften Generation von Andreas Schlagkamp geführt. Auf 3 Hektar Steillagen, zum Beispiel in der Senheimer Lay und im Bienengarten, baut die Familie überwiegend Riesling an. Aber auch der an der Obermosel heimische Elbling, Rivaner sowie Grau- und Weißburgunder stehen auf der Weinliste. Moseltypisch ist der Alkoholgehalt sehr moderat.

TIPP

FEDZ: ein nur zum Teil gegorener Traubenmost – spritzig und hefig-süß.

Weinmuseum
Schlagkamp-Desoye
Zeller Straße 11
56820 Senheim
Tel. (0 26 73) 43 81
www.schlagkamp-wein.de

9

Der Blick der Helden

Die schönste Weinsicht in Lieser

Schöne Aussichten auf steile Weinberge gibt's im Moseltal zur Genüge – schön verteilt entlang des Flusslaufs überraschen besondere Orte mit Ausblicken hoch oben von den Weinbergen. Besonders schöne Aussichtspunkte markiert das Deutsche Weininstitut mit einer drei Meter hohen Stele – die „schönsten Weinsichten" haben Weinfreunde per Online-Abstimmung ausgewählt. „Heldensicht" nennen die Lieserer den herrlichen Ausblick, der sich oberhalb der Weinlage Lieserer Niederberg-Helden den faszinierten Besuchern bietet. Die schönsten Weinsichten sind alle gut für Wanderer und Fahrradfahrer zu erreichen.

Am besten startet man den Ausflug zur wunderschönen Aussicht auf dem Marktplatz in Lieser. Etwa nach zwei Kilometern erreichen Genusswanderer die historische Wallfahrtskapelle Paulskirche. Auch von hier bietet sich ein wunderschöner Blick über Felder und Rebstöcke am steilen Hang – unten im Tal ist das trockene Urstromtal der Mosel gut zu erkennen. Es reicht bis nach Lieser zum heutigen Flussbett der Mosel.

Neben der religiösen hatte die Paulskirche für die Demokraten in der Region auch eine politische Bedeutung: Im Revolutionsjahr 1848 versammelten sich etwa 15.000 Menschen auf dem Berg, um gegen die Not der Winzer zu protestieren. Es war eine der größten Versammlungen dieser Zeit in der Rheinprovinz. An Sonntagen ist die Paulskirche geöffnet und bietet eine Besonderheit: Weine von heimischen Winzern und alkoholfreie Getränke stehen zur Selbstbedienung bereit. Weintrinkern kann man vertrauen: Den Obolus zahlen die Besucher freiwillig in die Kasse.

Über den „Wehlener ObstArtWeg" gelangen Weinwanderer hoch auf das Kueser Plateau und über Teilstücke des Walderlebnispfades wird man endlich belohnt mit der „schönsten Weinsicht". Tische und Bänke stehen bereit für ein wunderschönes Picknick mit Aussicht auf das spektakuläre Moseltal mit seinen steilen Weinbergen.

TIPP
Edel – ein Besuch im Hotel und Restaurant Schloss Lieser.

Weinsicht Lieser
www.lieser-mosel.de

SCHÖNSTE WEINSICHT
2020
Mosel

10

Weingenuss für Einsteiger

Weingut Leo Fuchs in Pommern

Na, endlich mal eine Weinbeschreibung, die jeder versteht: „Der Familienliebling" und „Die Gesellige" sind trinkfreudige, feinherbe Rieslinge. „Die Erfrischende" ist ein Rosé feinherb, „Der Unkomplizierte" ein Rivaner trocken und „Die Rosige" eine Gewürztraminer Auslese. Geht doch: So können sich auch Einsteiger Weinbeschreibungen leicht merken. Eine Gewürztraminer Auslese wird eher selten ausgebaut. Das Weingut Leo Fuchs hat es gemacht und herausgekommen ist ein komplexer Wein mit feinem Duft von Rosen und Veilchen und wenig Säure.

Im Familienweingut mit drei aktiven Generationen kennt man sich mit Kundengeschmack aus: Seit 1624 betreibt die Familie in Pommern Weinbau – eines der ältesten Weingüter an der Mosel. Mit Rebsorten, die an der Terrassenmosel nicht so häufig vertreten sind, sorgt das Weingut immer wieder für angenehme Überraschungen. In dem reinen Weißweinbetrieb werden neben der Hauptsorte Riesling zu rund einem Drittel verschiedene Burgundersorten angebaut. Auf Querterrassen an Steilhängen in Pommern und Klotten wurzeln die Rebstöcke in tiefgründigen Schieferböden.

Oberhalb der Weinberge in Pommern, auf 180 Metern Höhe, lohnt sich ein Besuch im Archäologiepark auf dem Martberg. Schon der keltische Stamm der Treverer errichtete hier um 100 v. Chr. eine Großsiedlung. In römischer Zeit entwickelte sich ein gallorömischer Tempelbezirk von überregionaler Bedeutung, der im 3. Jahrhundert n. Chr. seine Blütezeit erreichte. Große Teile dieser Tempelanlage wurden auf den antiken Grundmauern wiederaufgebaut und vermitteln einen lebendigen Eindruck der Lebens- und Glaubenswelt der Antike. In Bezug auf die Römer hat die Familie Fuchs ihre mehrfach ausgezeichnete Vinothek „Pomaria" genannt. Die Römer kultivierten den Weinbau und bauten Südfrüchte an. Von ihnen hat das Weindorf Pommern seinen Namen: Pomaria – das heißt „Früchtegarten". Und letztlich sind es Früchte aus dem Weingarten, die in der Vinothek ausgeschenkt werden.

TIPP
Naturwanderung im Dortebachtal in der Weinlage Klottener Burg Coraidelstein.

Weingut Leo Fuchs
Hauptstraße 3
56829 Pommern
Tel. (0 26 72) 13 26
www.leo-fuchs.de

GG
LEO
FUCHS

11

Zauberhaftes Kleinod

Alte Mühle Höreth in Kobern-Gondorf

Die Alte Mühle ist ein verzauberter, wunderbarer Ort: Es beginnt mit den märchenhaften Gebäuden aus dem 11. Jahrhundert, setzt sich über die liebevolle Einrichtung fort und endet bei den Menschen, die das verwunschene Ensemble bewirtschaften. Es fällt schwer, sich der zauberhaften Atmosphäre eines der schönsten Landgasthöfe zu entziehen – und wer will das auch schon? Der Erfinder der Alten Mühle heißt Thomas Höreth und stammt aus einer Weinhändlerfamilie aus Franken. Nachdem er in Geisenheim Weinbau studierte, zog es ihn an die Mosel. Er fing ganz klein an: Mit einem halben Hektar Weinberg, einer Mühlenruine und einer Idee. Vier Jahre lang arbeitete er an der Renovierung.

Insgesamt zwölf Gebäude aus unterschiedlichen Epochen gruppieren sich heute um den romantischen Innenhof. Das ganze Ensemble wirkt wie aus einem Guss – auch wegen der einheitlichen Bedachung mit Biberschwanzziegeln. 1982 begann der Betrieb als Straußwirtschaft – und trotz Bedenken vieler Leute lief es gleich sehr gut. In einem Trierer Geschäft für Gastronomiebedarf lernte Thomas seine Frau Gudrun kennen – seit 1993 ist sie die charmante Seele des Hauses. Die Gäste begrüßt sie persönlich mit Handschlag, die von Thomas Höreth illustrierte umfangreiche Speisekarte schreibt sie komplett mit der Hand und ergänzt sie mit vielen sehr persönlichen Kommentaren. Die Karte ist denn auch mehr ein nahezu privates Genuss-Lesebuch. 2016 hat Sohn Oliver die Geschäftsführung übernommen.

Auf den ersten Blick ist die Alte Mühle ein Labyrinth aus elf Räumen mit Platz für insgesamt 200 Menschen – und vielen lauschigen Außenplätzen in Hof und Weingarten. Gruppen von 2 bis 70 Personen finden sehr individuell ihre Nische – alle Räume sind liebevoll eingerichtet. Gerne wird in dieser romantischen Umgebung geheiratet und gefeiert – in dem Raum „Fränkische Botschaft" gibt es sogar einen Tisch, an dem bevorzugt Heiratsanträge gemacht werden. Der Winzer Thomas Höreth produziert hochwertige Rieslinge, herausragende Weiß-, Grau- und Spätburgunder sowie einen hervorragenden Chardonnay.

TIPP
Die Zimmer im Landhotel und in den Ferienwohnungen sind sehr romantisch eingerichtet.

Alte Mühle Thomas Höreth
Mühlental 17
56330 Kobern-Gondorf
Tel. (0 26 07) 64 74
www.altemuehlehoereth.de

12

Über uns nur der Himmel

Wetterstation Klüsserath

Wein und Wetter – eine entscheidende Beziehung für guten Wein. Rebstöcke brauchen Wasser – nicht zu viel und nicht zu wenig. Aber auch Sonne: möglichst viel – aber nicht zu heiß. Entlang der Mosel betreibt das Dienstleistungszentrum Mosel ein Netz von Wetterstationen. Die Winzer können online wichtige Wetterdaten abrufen. Eine dieser Stationen steht in den Weinbergen bei Leiwen und meldet ständig Niederschlagswerte, Sonnenstunden und Windgeschwindigkeiten. Weinberge sind klimafreundlich: An einem sonnigen Sommertag werden auf einem Hektar Steilhang rund 80 Kilogramm Sauerstoff produziert und 100 Kilogramm Kohlenstoffdioxid abgebaut!

Oberhalb der Wetterstation, an einem wunderschönen Ort, können sich die Besucher selbst in aller Ruhe ein Bild von der aktuellen Wettersituation verschaffen. Auf einer Aussichtsplattform mit spektakulärem Weitblick stehen Tische und Bänke mit einem vor Wind und Wetter schützenden Pavillon. Von April bis Oktober schenkt hier ein anderes Weingut aus Klüsserath seine Weine aus – die Termine stehen auf der Webseite. An diesem Glücksort sitzen die Gäste gemütlich, unterhalten sich über das Wetter, genießen den Ausblick und den Wein. Der Verein Vereinigte Weingüter der Klüsserather Bruderschaft organisiert die wechselnde Bewirtschaftung durch die Weingüter. Mit 291 Metern Höhe ist dies der höchstgelegene Weinprobierstand an der Mosel. Die Wanderwege Klüsserather Sagenweg und der Moselhöhenweg führen an dem Rastplatz vorbei.

Gelegentlich laden im Sommer die Winzer zum Weinbergsfrühstück am Weinprobierstand ein. Auf dem gedeckten Tisch stehen regionale Spezialitäten: Wurst und Wild, Ziegenkäse, Brötchen, Milch und Honig – und natürlich Klüsserather Wein. Auch wenn kein Winzer vor Ort ist, können in einem aufgestellten Weinautomaten Flaschen gekauft werden. Der Platz ist auch bei Einheimischen sehr beliebt: Unter der Woche treffen sich Frauen aus dem Ort schon mal ganz spontan zum Frühstück mit Ausblick. Der Platz wird oft für Weinproben genutzt – manchmal sogar bis spät in den Abend.

TIPP
Auf dem Weinerlebnispfad „Wein und Stein" wandeln.

Vereinigte Weingüter der
Klüsserather Bruderschaft e. V.
Hetzeratherstraße 7
54340 Klüsserath
kluesserather-bruderschaft.com

13

Hinauf auf den Weingipfel

Bremmer Calmont

Steil, steiler, am steilsten: Mit einer Hangneigung von bis zu 68 Grad gehört der Bremmer Calmont neben dem Engelsfelsen im Bühlertal (bis zu 75 Grad) zu den steilsten Weinbergen Europas. Der Blick auf diesen besonderen Ort lässt Besucher staunen: Wie kann man in dieser steilen Wand überhaupt Wein anbauen? Ganz einfach – mit Mut und Engagement! Heute fährt eine 500 Meter lange Monorackbahn die Winzer in den Hang nach oben – vor Jahrzehnten war der Aufstieg nur zu Fuß möglich. Im oberen Drittel des rund 400 Meter hohen Weinbergs führt ein Klettersteig quer durch den Hang. Manche Stellen heißen dramatisch „Todangst" oder „Galgenlay" – aber dank befestigter Trittstufen, Stahlleitern und -seilen lassen sich die schwierigsten Passagen heute einfach überwinden. Auf dem sehr abwechslungsreichen Wanderweg entdecken Besucher an diesem besonderen Ort viele schöne Pflanzen, wie blauen Lattich und Moschusmalve. Wunderschöne Schmetterlinge wie Admiral, Mosel-Apollo und Taubenschwänzchen umschwirren die Wanderer. Hier an der engsten Moselschleife bietet sich ein traumhafter Blick auf die andere Moselseite in das offene Schiff der Kirchenruine Kloster Stuben. Zwischendurch gibt es immer wieder Bänke und Rastplätze – der schönste in der Fachkaul.

Hier hat das Bremmer Weingut Franzen 1999 eine 1,5 Hektar große brachliegende Fläche rekultiviert. Fast 8000 Riesling-Rebstöcke hat der durch einen tragischen Weinbergsunfall früh verstorbene Ulrich Franzen mit der Hand in den steilen Berg gepflanzt. Das Renommierweingut führt heute Sohn Kilian. Weinbau in dem steilen Hang in der Form eines nach Süden offenen Hohlspiegels ist eine Herausforderung. Angelina und Kilian Franzen sind Weinmacher mit Leidenschaft und trotzen dem mageren Boden in der Grand-Cru-Lage spannende, stoffige, gereifte Weine ab. Die hoch bewerteten, auf Schiefer mit Quarzit und Sandstein gewachsenen Rieslinge überzeugen mit viel Komplexität und Struktur. Manche Gewächse brauchen Zeit und offenbaren ihr Potenzial erst nach ein paar Jahren Reife. Ein Besuch im Weingut mit der Verkostung der unterschiedlichen Jahrgänge lohnt sich.

TIPP
An Pfingsten findet die Jahrgangspräsentation im Weingut statt.

Weingut Kilian Franzen
Gartenstraße 14
56814 Bremm
Tel. (0 26 75) 4 12
www.weingut-franzen.de

14

Von Wölfen und Pandas

Weingut Staffelter Hof in Kröv

Wie das? Die Ältesten sind die Hippsten? Die erste urkundliche Erwähnung der Abtei Stavelot mit Weinbezug datiert auf das Jahr 862 – damit ist der Staffelter Hof vermutlich das älteste Weingut der Welt! Zu dieser Tradition passt auch der Old-School-Wein des Familienbetriebs, „wie ihn der Opa gemacht hat“: ein Riesling feinherb mit klarer Frucht. Hipp und spannend ist aber, was Bio-Weinmacher Jan Matthias Klein sonst noch anzubieten hat: Zum einen setzt er verstärkt auf sogenannte „Piwi-Rebsorten“ – sie sind widerstandsfähiger gegenüber Rebkrankheiten und benötigen deshalb deutlich weniger Pflanzenschutzmittel. Zum anderen liefert er in der Rubrik „Pure Weine“ experimentelle Trendweine mit originellen Namen wie Little Bastard, Papa Panda’s Rising Riesling, Orange Utan, Ruby Soho oder Little Red Riding Wolf. Diese Weine sind alle unfiltriert und ungeschwefelt abgefüllt – und sind zum Teil „Orange Weine“, also Weißweine, die wie Rotweine ausgebaut werden und deshalb trüb sind. In der Kategorie „Pure Weine“ bietet Jan Matthias Klein trendige „Pet Nat“, also ungeschwefelte Schaumweine mit nur einer Gärung an. Der traditionsreiche Staffelter Hof ist für Weininteressierte eine gute Gelegenheit, experimentelle Moselweine der Zukunft zu verkosten. Aber auch die Gegenwart kann sich schmecken lassen: Die Rieslinge, Müller-Thurgaus und Spätburgunder sind von ausgezeichneter Qualität – ebenso der Diva Rivaner trocken und der Casanova Rosé.

Auf dem Staffelter Hof geht es schon immer sehr lebendig zu: Familie Klein und ihr Weingut-Team essen gemeinsam, in der KultUr-Scheune finden regelmäßig Veranstaltungen mit Musik statt, sieben „KultApartments“ stehen für „KultUrlaube“ bereit. Die Scheune wird auch gerne für kreative CoWorkingplätze genutzt. Neue Ideen in alten Mauern: Die besondere Atmosphäre auf der historischen Hofanlage, die auf dem Gelände einer römischen Villa Rustica errichtet wurde, inspiriert kreative Geister bis heute.

TIPP
SommerSause mit Livemusik genießen.

Bio-Weingut und Gästehaus Staffelter Hof
Robert-Schumann-Straße 208
54536 Kröv, Tel. (0 65 41) 37 0
www.staffelter-hof.de

CONFERIMVS
EIS OB
EXIGVITATEM
VINI
Stavelot 862

15

Generation weiblich

Weingut Gindorf in Schweich

Laura Gindorf ist eine typische Vertreterin der „Generation Riesling" – das Netzwerk der hervorragend ausgebildeten Jungwinzerinnen und Jungwinzer, die in Weingütern Verantwortung tragen. Laura ist 2020 ins Zwei-Generationen-Familienweingut eingestiegen. Erfahrungen im Weinbau hat sie nach dem Oenologie-Studium in Geisenheim in den USA, der Südsteiermark und der Pfalz gesammelt – sie bringt viel frischen Wind und Begeisterung in das Vater-Tochter-Team mit ein. Die Vision von hochwertigen Weinen, bei denen man ihre Herkunft schmecken kann, verbindet die beiden. Laura Gindorf steht auch für die „Generation weiblich": Immer mehr Frauen engagieren sich in der Weinbranche und beweisen sich als engagierte Weinmacherinnen im Keller.

„Lagenliebe" – von A wie Annaberg, eine Steillage mit 65 Prozent Hangneigung, bis Z wie Zellerberg – heißt die Weinlinie, die sich auf die Herkunft der Weine konzentriert. Die auffälligen Etiketten sind mit lila Kapseln und lila Großbuchstaben ausgestattet: „Das war ein Bauchgefühl", erinnert sich Laura. Ein goldenes Band fließt über die Etiketten als Symbol für die Steillage. Die Linie zeichnet exakt die Silhouette des Schweicher Annabergs nach – ein Lieblingsort der Familie mit fantastischer Aussicht auf die Mosel und die Weinberge. „Facettenreich" heißt eine zweite, experimentelle Weinlinie mit auffälligen Künstleretiketten. Die Collagen beziehen sich auf den Inhalt: Die Cuvée ZWO von Riesling und Weißburgunder zum Beispiel wird durch ein Männerporträt mit einem Frauenauge und Goldkette dargestellt. Facettenreich EINS ist eine Hommage an einen alten Müller-Thurgau-Weinberg der Oma Gerti, den Günter Gindorf vor 40 Jahren angelegt hat. Facettenreich DREI ist ein Cabernet Blanc – eine Neuzüchtung, die gegen Pilzkrankheiten resistent ist: eine von Lauras Lieblingsrebsorten.

Ein großes Gemeinschaftsprojekt der Familie ist die Neugestaltung der Weinstube: Die Lagenliebe Weinbar ist ein moderner, gemütlicher Ort. In der Straußwirtschaft sitzen die Gäste drinnen und draußen im ansprechenden Design der jungen Generation.

TIPP
Von April bis August gibt es einmal im Monat eine geführte Weinwanderung.

Weingut G. Gindorf
Richtstraße 48a
54338 Schweich
Tel. (0 65 02) 79 33
www.weingut-gindorf.com

MOSEL

16

Blick, so weit die Schleife reicht

Der Prinzenkopfturm in Pünderich

Die Mosel schlängelt sich zwischen der Eifel und dem Hunsrück und wartet mit wunderschönen Aussichtspunkten auf – aber der Rundblick vom 27 Meter hohen Prinzenkopfturm ist sicher einer der spektakulärsten in der ganzen Region. Der „Schleifenblick" ist einzigartig: 14 Kilometer lang fließt der Fluss um den Zeller Hamm. Dabei liegen die beiden Enden der Schleife nur wenige Hundert Meter voneinander entfernt. Auf dem Weg hin zum Turm, an der Marienburg vorbei, fallen seitlich die Weinberge steil zur Mosel ab: Es ist schon beeindruckend, dass Winzer an solchen Hängen Rebstöcke pflanzen. Am Wegesrand hat das Bistum Trier einen „Kinderrechtepfad um die Burg" angelegt – die einzelnen Stationen sind eine kreative Anregung für Große und Kleine.

Der Aussichtsturm selbst ist eine imposante Stahlkonstruktion – nach zwei Holztürmen und einem 1945 zerstörten Bruchsteinbau trotzt sie seit 2009 allen Stürmen. 113 Stufen sind es bis auf die Spitze des Turmes – aber sie lohnen sich. Beeindruckender kann ein 360-Grad-Panorama kaum sein. Die Rundum-Aussicht von dem 235 Meter hohen Prinzenkopf ist faszinierend: Gleich viermal Mosel gibt es zu sehen. Moselabwärts über Alf bis nach Bremm zu dem berühmten Calmont, moselaufwärts nach Pünderich, Reil und Burg, und direkt vor dem staunenden Betrachter die Schleife mit Blick auf eine der bekanntesten Großlagen an der Mosel – die Zeller Schwarze Katz. Mit 270 Hektar bildet sie eines der größten Weinbaugebiete an der Mosel. Vom Turm aus sind die Weinberge in ihrer einzigarten kleinklimatischen Lage deutlich zu sehen: 16 Einzellagen in Merl und Zell, alle Steilhänge neigen sich zum Fluss. Der Name der Großlage geht übrigens auf eine Begebenheit von 1863 zurück: Eine schwarze Katze soll bei der Fassprobe eines unentschlossenen Aachener Weinhändlers ein Fass besonders verteidigt haben. Prompt erwarb der Weinhändler dieses Fass – und erzielte einen großen Verkaufserfolg. Also kaufte er alle Weine dieser Lage auf und vermarktete sie unter dem Namen „Schwarze Katz".

TIPP
Unbedingt die Ortskerne Pünderich und Zell mit Schwarze-Katz-Brunnen besuchen.

Prinzenkopfturm
56842 Pünderich
Tel. (0 65 42) 90 00 21
www.puenderich.de

17

Landmarke für die Zukunft

Weingut Van Volxem in Wiltingen

Die weit sichtbare Weinmanufaktur im Weinberg oberhalb der Saar ist ein Statement: Vor über 100 Jahren gehörte der Saar-Riesling zu den teuersten Weinen der Welt, noch vor Bordeaux – da will das Weingut Van Volxem wieder hin. Dieser besondere Ort mit hochmoderner Architektur ist der Landeplatz für das Weingut aus der Zukunft. Offen für Besucher, in die Landschaft integriert, nachhaltig konzipiert.

Hinter all dem steckt ein Visionär, der erst mal traditionell anfing: 1999 erwarb Roman Niewodniczanski das Weingut im historischen Zentrum von Wiltingen. Das Anwesen geht auf eine römische Villenanlage zurück, deren Fragmente heute noch zu sehen sind. Die Weinberge des Guts wurden bereits von den Römern in den besten Schieferlagen der Saar angelegt. Der charismatische Sohn der Bitburger Brauerei-Dynastie Simon holte das Weingut aus dem Dornröschenschlaf, restaurierte die Hofanlage denkmalgerecht und fügte systematisch beste Weinlagen hinzu. Heute werden hier bis auf 4 Prozent Weißburgunder ausschließlich Riesling in weltbekannten Spitzenlagen wie Scharzhofberger, Kanzemer Altenberg und Ockfener Bockstein angebaut. Mit den leichten Kabinettweinen und den Großen Gewächsen erreichen die Rieslinge des Weinguts Van Volxem Weltniveau.

Das neue Gebäude untermauert den Qualitätsanspruch an zeitgemäßen Weinbau und orientiert sich an internationaler Weinarchitektur. Italienische Baumeister aus Südtirol und eine Innenarchitektin aus Deutschland haben hochwertigen Naturstein ausgesucht: heller Muschelkalkstein an der Fassade, Gneis Granat im Keller. Nachhaltigkeit ist Konzept: Die Trauben fallen dank der Schwerkraft zur Weiterverarbeitung ohne Pumpen nach unten, das Weingut versorgt sich vollständig mit Solarstrom. Die Vinothek mit Panoramafenstern und der Besucherbereich sind von Weitem sichtbar. Der markante Van-Volxem-Turm auf dem Wiltinger Schlossberg liegt ungefähr auf gleicher Höhe wie der gegenüberliegende Bismarckturm von 1893 – gelungene Verbindung von Tradition und Moderne.

TIPP
Die Jahrgangspräsentation Anfang September im Weingut erleben.

Weingut Van Volxem
Zum Schlossberg 347
54459 Wiltingen
Tel. (0 65 01) 80 22 90
www.vanvolxem.com

18

Fisch muss schwimmen

Oechsle Wein- und Fischhaus in Trier

Weißwein zum Fisch? An der Mosel mit dem Schwerpunkt auf Riesling liegt das nahe, ist aber kein Muss: Es gibt auch Rotwein im Oechsle. Ein geniales Konzept: Wein und Fisch gehören zusammen – am Eingang stehen die Fischtheke und der Weintresen einträchtig nebeneinander. Am besten wählt man zuerst den Fisch aus – und dann den passenden Wein dazu. Die Auswahl an frischem Fisch und Meeresfrüchten im Restaurant und von der Theke zum Mitnehmen ist umwerfend groß: Kabeljau, Matjes, Rotbarsch, Scholle, Zander und sogar Austern gibt es jeden Tag frisch. Die Gerichte wechseln täglich und werden in ansprechender Qualität zum guten Preis-Leistungs-Verhältnis serviert: Von Fish & Chips bis hin zu gebratenen Seeteufel-Medaillons. Sehr beliebt ist die Fischsuppe – gerne drinnen oder auf der Terrasse genossen.

Der Begriff „Oechsle“ stammt aus dem Weinbau und bezeichnet das Traubenmostgewicht. Grundsätzlich gilt: Je mehr Oechsle-Grade ein Wein vorweisen kann, desto gehaltvoller ist er. Angewendet auf das Wein- und Fischhaus heißt das: Der Weingehalt im Oechsle ist ausgesprochen hoch! Der erste Stock ist ausschließlich dem Thema Wein gewidmet. Im „Oechsle-Club“ mit bequemen Sesseln genießen die Weinfreunde eine große Auswahl von über 120 Weinen: Nicht nur etablierte Betriebe, sondern auch junge, aufstrebende Winzer sind vertreten. Die Preisgestaltung ist sehr kundenfreundlich: Die Weine kosten im Oechsle genauso viel wie beim Winzer direkt ab Hof.

Die Oechsle-Besitzer Peter und Anne Brommenschenkel haben hier mit viel Liebe zum Detail einen besonderen Wein-Wohlfühlort geschaffen. Großformatige Fotos zeigen Winzer bei der Arbeit im Steilhang, die Gäste stehen gemütlich am Stehtisch mit Fassdauben, alte Weinetiketten hängen an der Wand. Auf großen Kreidetafeln gibt es Hinweise auf die Weingüter und ihre Weine – sogar ein Flügel sorgt für eine heimelige Atmosphäre. Der Flügel wird recht häufig bei Weinproben gespielt – manchmal sogar von Gästen.

TIPP
Zum Winzerfrühschoppen an jedem ersten Sonntag im Monat kommen.

Oechsle, Wein- & Fischhaus
Palaststraße 5–7
54290 Trier
Tel.: (06 51) 9 91 75 55
www.oechsle-weinhaus.de

OECHSLE
Wein- & Fischhaus
Mosel Weinprobe
mit 120 Weinen
& Sekt
15,- € pro Person

19

Let's go WeinSchnitzeljagd

Weinhaus Kochan & Platz in Lieser

In Großstädten gibt es Escape Rooms: Wer Rätsel löst, findet den Ausgang. Wer in den Weinbergen in Lieser an der Mosel ein Rätsel löst, findet den Eingang: Man kann die Schatzkiste öffnen, in der sich Wein, Wasser und ein Snack befinden. Während der Pandemie wurde diese Idee im Weingut Kochan & Platz entwickelt – und gewann mit dem Konzept die Auszeichnung „Moselhelden". Die ehemalige deutsche Weinprinzessin Nicole Kochan-Platz betreut das Projekt WeinSchnitzeljagd und ist im Weingut für den Verkauf zuständig. Die Besucher werden mit einem Secco begrüßt und begeben sich dann mit einer Karte auf dem Smartphone auf die Tour. An drei Stationen in den Lieserer Weinbergen befinden sich Schatzkisten. Mithilfe von Rätselaufgaben lassen sich dann die Kombinationsschlösser öffnen, mit denen die Kisten verschlossen sind. Die Besucher verkosten die Weine an dem Ort, an dem sie gewachsen sind. Zusätzlich gibt es Karten mit einem QR-Code – die führen zu Videos mit zusätzlichen Informationen, die man auf dem Handy anschaut.

Drei Wandertouren durch die Lagen Lieserer Schloßberg, Rosenlay und Niederberg-Helden hat das Weingut zusammengestellt – immer mit tollem Blick auf die Mosel. Das dynamische Weingutteam besteht aus drei Familien: die Senioren Aribert und Isolde, die nächste Generation Daniel und Katharina sowie Nicole und Oliver. Bei den Rebsorten gibt es im Weingut eine für die Mosel recht große Auswahl: Neben der Hauptsorte Riesling sind Rivaner, Grau- und Weißburgunder, Gewürztraminer und der seltene Rote Riesling im Angebot. Zudem stehen Spätburgunder Blanc de Noir, Rotling und Dornfelder auf der Weinliste. Im Weinberg und im Weingut achtet die Familie auf eine nachhaltige Arbeitsweise. Lust auf einen Perspektivwechsel? Einmal im Monat geht's mit dem Schiff auf die Mosel. Kochan & Platz bietet eine „schwimmende Weinprobe" ab Bernkastel und Lieser mit sieben Weinen und regionalen Dipps an: mit einem schönen Blick auf die steilen Weinberge.

TIPP
Schokolinarium genießen: Amuse-Bouche-Menü mit Schokoladen und korrespondierenden Weinen.

Weinhaus Kochan & Platz
Beethovenstraße 8
54470 Lieser
Tel. (0 65 31) 64 32
www.kochan-platz.de

20

Doppelt gemoppelt trinkt besser

VinoForum in Ernst

Hier fühlt man sich an die spektakuläre Architektur großer spanischer Weingüter erinnert: Das Kelterhaus mitten im Weinberg versteckt sich nicht, sondern ist mit der großen Terrasse und der blitzenden Metallverkleidung weithin sichtbar. Die Inneneinrichtung ist imposant: In dem übergroßen Weinprobierraum hängen Dutzende Barriquefässer an der Decke. Geschickt beleuchtete dunkle Wände verbreiten eine postmoderne Eleganz. Und wer hat das alles geschaffen? Früher hieß es mal: „Wenn zwei Moselwinzer zusammensitzen, gibt es drei Meinungen!“ Dies gilt schon lange nicht mehr: Im Weinort Ernst haben die beiden passionierten Winzer Rolf Gansen und Karl Andries zusammen eine Vision entwickelt. Gemeinsam planten die beiden das 700 Quadratmeter große Funktionsgebäude mit Eventlocation. Oft sind Kelterhallen wenig vorzeigbare, langweilige Industriegebäude. Aber in Ernst haben die Architekten geschickt eine edle Vinothek integriert, die den Zweckbau kaschiert. Der Weintempel lädt die Besucher ohne Hemmschwelle zum Eintreten ein. Zwischen Parkplatz und Terrasse haben die Winzer noch einen Weinberg angelegt.

Das moseltypische Weinsortiment finden die Besucher in vier überdimensionierten Weinwürfeln. Zum Weinerlebnis in cooler Atmosphäre gehört eine Weinprobe mit Rieslingen und anderen Weiß- und Rotweinen aus den umliegenden Weinbergen. Dazu gibt es kleine Snacks wie Flammkuchen, Spundekäs und Vesperplatten – nachmittags auch hausgemachten Kuchen. Die ungewöhnliche Räumlichkeit eignet sich perfekt für private Feste und Feierlichkeiten.

Regelmäßig finden attraktive Veranstaltungen statt, zum Beispiel Lesungen mit bekannten Autoren wie Carsten Henn, ein Dinner-Theater oder Jazzkonzerte. Ein besonderes Erlebnis ist der „Lischda-Lousda-Daach“. In der Zeit „zwischen den Jahren“ vom 27. bis zum 29. Dezember trifft man sich in Ernst beim Lichterfest zum Bummeln und Plaudern. Warm-weiß leuchtende LED-Lichter, zu Rebkugeln geflochten und über Gassen gespannt, sorgen für eine heimelige Stimmung. Das VinoForum ist mit Lichtern, Winzer-Glühwein und Punsch dabei.

TIPP
Im Weingut Andries gibt es auch Gästezimmer und Ferienwohnungen.

VinoForum
Moselstraße 12–13
56814 Ernst
Tel. (0 26 71) 9 17 17 77
www.vinoforum-ernst.de

21

Der steile Weg ins Wein-Glück

Weingut Cantzheim in Kanzem

An der Saar geht's in den Weinbergen schnell nach oben – als Anna Reimann aus Neuss am Niederrhein 2015 den Kinderwagen mit ihrer Tochter durch Kanzem und in die Weinberge schob, ergaben sich dabei Gespräche mit freundlichen Winzern – häufig bei einem Glas Wein. Die junge Frau interessierte sich für die Brachen im Kanzemer Sonnenberg – und am Ende dieser Spaziergänge hatte die Önologin die ersten 3 Hektar für ihre Weingutsgründung beisammen. Anna Reimann war nicht zufällig an der Saar: Sie stand ihrem an Architektur interessierten Vater bei der Sanierung des historischen Einhauses vor großer Weinbergskulisse zur Seite. Das spätbarocke Gutshaus ist nun ein denkmalgerecht saniertes Schmuckstück mit Gästehaus und Vinothek.

Anna und ihr Mann Stephan führen heute ein 6 Hektar großes Weingut mit hochgelobten Weinen. „Hier an der Saar ist das weltbeste Areal für Riesling!", ist Kellermeisterin Anna Reimann überzeugt. Die hohe Anzahl an herausragenden Weingütern in der Nachbarschaft gibt ihr recht. Die frischen, filigranen, aber sehr geschmacksintensiven Rieslinge aus den Kanzemer und Wiltinger Steillagen des Weinguts Cantzheim verwöhnen die Geschmackssinne. Und das mit verblüffend niedrigen Alkoholwerten! Der Kabinettwein Nussbaum zum Beispiel hat gerade mal einen Alkoholgehalt von 7 Prozent. Anna und Stephan sind studierte Gartenbauingenieure – Anna zudem in Frankreich ausgebildete Önologin. Die Liebe zur Natur spiegelt sich in der Namensgebung der Weine: Die Gärtnerin, Nussbaum und Schlange beziehen sich auf das sogenannte Terroir der Rebanlagen.

In Kanzem haben die Reimanns mit ihrem Start-up-Weingut einen ganz besonderen Weinort geschaffen. Vom Deutschen Weininstitut wurde das Ensemble als eine der schönsten Vinotheken Deutschlands ausgezeichnet. Die Einrichtung ist schlicht und elegant: „Unsere Vinothek soll wie ein privates Esszimmer wirken", sagt Anna Reimann. Ein Wohlfühlort mit hochwertigen Kunstwerken in stilvollen Gästezimmern und einer wunderschönen Gartenanlage.

TIPP
Ende August lockt der Saar-RieslingSommer.

Weingut Cantzheim
Weinstraße 4
54441 Kanzem
Tel. (0 65 01) 6 07 66 35
www.weingut-cantzheim.de

22

Schlafen wie im Fass des Bacchus

Camping Rissbach in Traben-Trarbach

Manchmal ist ein Weinglücksort rund, riecht nach Holz und sieht aus wie ein überdimensionales Holzfass: Die ganz auf die Weinregion zugeschnittenen Schlaffässer direkt am Moselufer sind das Highlight auf dem Campingplatz Rissbach. In vielen klassischen Darstellungen sitzt der Weingott Bacchus rittlings auf dem Weinfass – hier können vier Weinjünger direkt im Weinfass kuscheln. Karierte Vorhänge und der warme Holzton der gebogenen Wände sorgen für Wohlbehagen. Die raffinierte Inneneinrichtung nutzt den Platz optimal. Am ausziehbaren Tisch können bis zu acht Personen sitzen, die Zusatzbetten verwandeln sich einfach in Sitzbänke. Die acht Campingfässer gibt es in zwei Ausstattungsvarianten: Die Deluxe-Version hat sogar eine eigene Toilette, einen Waschtisch, einen Kühlschrank und eine Kaffeemaschine. Jedes Schlaffass verfügt zudem über eine eigene Terrasse ganz nah am Fluss.

Der Campingplatz mit knapp 100 Stellplätzen, auch für größere Wohnmobile, wird von der Familie van Dongen geführt. Das Thema Wein spielt auf dem Vier-Sterne-Platz eine große Rolle. In dem hauseigenen Weinkeller stehen über 20 verschiedene Weine aus Traben-Trarbach zur Auswahl. Weinproben mit Rieslingen von der Mosel bietet die Familie in der Weinhöhle mit einem Mini-Weinmuseum an. Diese Location können Gäste auch für eigene Events anmieten. Der Platz direkt an den Weinbergen ist ein guter Ausgangspunkt für Wanderungen durch die Weinlagen der Mittelmosel – der Moselsteig ist schnell zu erreichen. Zum idyllischen Moselort Traben-Trarbach sind es über den Mosel-Fahrradweg nur zwei Kilometer. Die weinaffine Übernachtungsoption nutzen Radfahrer sehr gerne. Besonders Kinder schätzen eine kuschelige Nacht im Weinfass als schönes Familienerlebnis: Die runde Form vermittelt Geborgenheit. Bei einem Glas Moselriesling genießen die Gäste den Sonnenuntergang am Fluss – eine ganz besondere Abendstimmung breitet sich dann aus. Und Wein schmeckt ja ohnehin dort am besten, wo er wächst.

TIPP
Die Campingplatzbetreiber vermieten auch Kanus und Stand-up-Paddle-Boards.

Campingplatz Rissbach
Rissbacher Straße 155
56841 Traben-Trarbach
Tel. (0 65 41) 31 11
www.mosel-camping-platz.de

23

Koch & Königin im Elblingland

Weingut Matthias Dostert in Nittel

Gar nicht so weit weg, hinter den vielen Moselschleifen am Oberlauf des Flusses, liegt das Land des Elblings. Bis zum Mittelalter war die Weißweinsorte über alle Weinanbaugebiete in Mitteleuropa verbreitet – bis sie ab dem 17. Jahrhundert von Riesling und Silvaner verdrängt wurde. Aber an der Obermosel wird der Elbling weiter angebaut: In der Hochburg Nittel sind sogar 70 Prozent der Weinberge mit der uralten Rebsorte bepflanzt.

Elbling eignet sich besonders als Grundwein für die Versektung: Das Weingut Dostert hat sich auf Sekte aus rotem und weißem Elbling spezialisiert. Vater Matthias kümmert sich um den Außenbetrieb, Tochter Carina Dostert achtet als Kellermeisterin darauf, dass die nach der klassischen Flaschengärmethode ausgebauten Schaumweine ihren Rebsortencharakter behalten. Die Elblingsekte aus dem typischen Familienbetrieb gehören mit zu den besten in Deutschland. 24 Hektar Weinberge bewirtschaftet der Betrieb – außer Elbling werden noch Weiß- und Grauburgunder, Spätburgunder Auxerrois und Gewürztraminer angebaut. 2000 wurde Carina zur Deutschen Weinkönigin gewählt – bei vielen Auftritten warb sie vor großem Publikum für die seltene Rebsorte. Ihren Prinzen Walter Curman lernte sie bei einem Fernsehauftritt kennen: Der ausgezeichnete Koch leitete damals die Fernsehküche von Johann Lafer.

Koch & Königin haben in Nittel einen bemerkenswerten Genussort aufgebaut: das Culinarium. Der Koch mit Wurzeln in der Steiermark zaubert im Landgasthof exzellente Gerichte wie gebackene Ziegenkäseravioli mit Limetten-Lachs-Tatar oder geschmorte Kalbsbäckchen. Carina liefert die passenden Weine zu der gehobenen Landhausküche. Im „Schlafgut“ bieten die beiden ansprechende Gästezimmer an. Ein passender Anlass für einen Besuch in Nittel ist das Weinlehrpfadfest am Ostersamstag: In den Nitteler Weinbergen beginnt der Auftakt der Wein- und Genuss-Saison mit der Verkostung von 70 Weinen – das Weingut Matthias Dostert ist mit einem Stand vertreten.

TIPP
Rund um den 1. Mai finden die Kellertage statt, mit leckerer Verkostung im Weingut.

Weingut Matthias Dostert
Weinstraße 5
54453 Nittel
Tel. (0 65 84) 9 14 50
www.culinarium-nittel.de

24

Neues Glück in altem Haus

Restaurant vierzehn85 in Leiwen

Wer die schwere Holztür öffnet und in das historische Fachwerkhaus eintritt, begibt sich auf eine Zeitreise: „Diese Fachwerkbalken sind noch original aus dem Jahr 1485“, weiß Fachmann Norbert Schmitz. Damals wohnten Mönche in dem Zehnthof, kassierten die Abgaben und kelterten Wein. Heute ist der wunderschöne Ort eine Genuss-Oase. Acht Jahre lang, bis 2017, haben Norbert und Astrid Schmitz das architektonische Juwel sehr aufwendig restauriert. Bei der Instandsetzung in höchster Qualität stand die Erhaltung der Originalsubstanz im Vordergrund. Das Ehepaar kennt sich aus, ihnen gehört ein Schreinerei- und Trockenbauunternehmen. Ihr „Meisterstück“ wurde mit dem 1. Preis im Wettbewerb „Bundespreis für Handwerk in der Denkmalpflege“ ausgezeichnet. „Alles, was wir erhalten konnten, haben wir erhalten.“ Spezialisten haben das Fachwerk mit Lehm und Stroh aufgefüttert. So, wie es die Bauherren aus dem 15. Jahrhundert auch gemacht hätten. Die „Kronjuwelen“ des Hauses sind der Dachstuhl im obersten Stock. Krumm und schief und herrlich unperfekt steht er da und hält das Haus noch so, wie er es vor über 500 Jahren schon getan hat.

In dem Haus mit außergewöhnlicher Atmosphäre begeben sich Besucher auf eine kulinarische und architektonische Entdeckungsreise. In den original erhaltenen, jahrhundertealten Mauern sind dezent moderne LED-Leuchten verbaut – die Gästezimmer sind geschmackvoll mit schlicht-modernem Mobiliar eingerichtet. In dieser gemütlichen Atmosphäre werden im Restaurant leckere Speisen und sorgfältig ausgewählte Moselweine serviert. Die Karte mit drei Vorspeisen, drei Hauptgerichten und drei Desserts ist überschaubar – hat es aber in sich. Mit gehobener Küche, frischen Zutaten und einer modern interpretierten Zubereitung begeistert das Team des „vierzehn85“ um Küchenchef Bastian Scharf. Die saisonale Karte wechselt alle sechs bis acht Wochen und setzt dabei auf regionale Produkte. Fisch aus der Mosel, Rindfleisch aus der Eifel und Käse aus der Region finden sich regelmäßig auf der Karte. Nachhaltigkeit wird hier großgeschrieben.

TIPP
Im Sommer sitzt man schön im Hof.

Restaurant vierzehn85
Euchariusstraße 10–12
54340 Leiwen
Tel. (0 65 07) 9 39 39 01
www.vierzehn85.de

25

Lenas Steillagen-Waden

Weingut Endersfelder in Mehring

Ein hübsches traditionelles Haus von 1920 mit roten Sandsteineinfassungen an den Fenstern und Scheuneneinfahrt im moselländischen Stil, gepflegt und hübsch dekoriert: Ein Drei-Mädel-Haus auf dem Land wie aus dem Bilderbuch. Drei Frauen verbindet an diesem harmonischen Ort eine Leidenschaft: die Liebe zum Wein. Juniorchefin Lena ist die Önologin, sie bearbeitet die Weinberge und macht den Wein, Seniorchefin Cordula kümmert sich um Gäste und Büro, Sarah, die große Schwester, hilft überall da, wo es nötig ist. 2016 wurde Lena in Mainz zur Deutschen Weinkönigin gewählt. Ein Jahr lang bereiste sie in ihrem Amt die Welt und präsentierte den deutschen Wein – sogar in Japan und Argentinien.

Weinköniginnen spielen in der Moselweinkultur eine große Rolle: Jedes Jahr treten viele Ortsweinköniginnen bei der Wahl zur Gebietsweinkönigin an. Bisher konnten zwölf Moselweinköniginnen die deutsche Krone erringen – mehr als aus jedem anderen Weinanbaugebiet. Im Finale bei der Wahl zur Weinkönigin betonte Lena Endesfelder, dass sie nicht nur über zupackende Hände, sondern auch über „muskulöse und dynamische Steillagen-Waden" verfüge. Diese Schlagfertigkeit und ihr Fachwissen überzeugten die Jury. Körperliche Fitness braucht Lena auch bei ihrer Arbeit in den Steillagen rund um Mehring. Seit ihr Vater bei einem tragischen Weinbergsunfall ums Leben kam, kümmert sie sich um den Weinausbau. Bei Lena dreht sich alles um den Riesling – aber es gibt auch säurearmen Rivaner, cremigen Weißburgunder und Spätburgunder als Rosé und Rotwein. Zum Angebot gehören ebenfalls Sekt und Perlwein. In der gemütlichen ehemaligen Scheune können die Weine probiert werden. Im Mai öffnet die beliebte Straußwirtschaft: Die Gäste sitzen im Hof und in der Gaststube und genießen den Moselwein mit passenden kleinen Speisen. Lena gehört zur „Generation Riesling": Junge Winzerinnen und Winzer bis zum Alter von 35 Jahren sind das Gesicht der traditionellen Rebsorte und stehen für Dynamik im Deutschen Weinbau.

TIPP
Ende Januar ist Scheunenfete mit Discokugel und DJ.

Weingut Endesfelder
Bachstraße 3
54346 Mehring
Tel. (0 65 02) 9 93 20
www.weingut-endesfelder.de

26

Ein Weinschrank im Wald

Graf Georg Johannes Weg in Veldenz

Empfehlenswerte Seitensprünge vom Moselsteig gibt es einige – einen Weinschrank mitten im Wald aber nur in Veldenz! Der rund 14 Kilometer lange Rundweg auf den Spuren von Graf Georg Johannes führt durch eines der schönsten Seitentäler der Mosel.

Der Wanderweg beginnt an der Villa Romana in Veldenz und führt am Veldenzbach entlang – immer wieder ist der Blick frei auf Schloss Veldenz. Das romantische Schlösschen aus dem 12. Jahrhundert wurde 1681 vom Sonnenkönig Louis XIV. zerstört und ist heute in Privatbesitz. Nur zu besonderen Anlässen ist es öffentlich zugänglich. Sehenswürdigkeiten wie die Heidenmauer, Reste einer ehemaligen Fliehburg der Kelten, sind durch Hinweisschilder erläutert. So erfahren die Wanderer nicht nur, dass in der Lorenzmühle bis in die 1950er-Jahre Korn gemahlen wurde, sondern auch, dass über das sogenannte „Eier- und Butterpädche" Waren zwischen Hunsrück und Mosel ausgetauscht wurden. Immer wieder geht es steil hinauf und dann bergab – als Belohnung gibt es tolle Aussichtspunkte. So wie auf dem Rittersturz, wo sich nach der Sage der Teufel mit einem Ritter hinabgestürzt haben soll. Man sollte einen Picknickkorb dabeihaben – es gibt viele schöne Stellen für eine Vesper im Grünen.

Über den Pionierfelsen geht es zur Josephinenhöhe. Der Veldenzer Hausberg ist nach der französischen Kaiserin Joséphine benannt, der ersten Ehefrau von Napoleon Bonaparte – eine Erinnerung an die französische Besatzung von 1794 bis 1815. Von der Anhöhe bietet sich ein herrlicher Weitblick. Ein besonderes Highlight: Die Stadt hat hier einen Weinschrank angelegt, das Veldenzer Weingut Kruft-Willems bestückt ihn aktuell mit Moselwein. In kleinen 0,2-Liter-Fläschchen gibt es Secco Perlwein oder Rivaner, Rotling und Regent zum kleinen Preis – vor Ort in eine Box zu zahlen. Mithilfe von WhatsApp erhalten die Weinfreunde vom Weingut die Zahlenkombination, um das Schloss des Weinschranks zu öffnen. Man kann aber auch direkt im Weingut anrufen.

TIPP
Zur Weinprobe in der Vinothek im Weingut Kruft-Willems einkehren.

Moselsteig Seitensprung
Graf Georg Johannes Weg
54472 Veldenz
www.veldenz-mosel.de

Die
Welt
bleibt
nicht
stehen,
wenn du
mal
eine
Pause
machst.

Als die Römer an die Mosel kamen

Der fröhliche Steuermann, das Symbol des glücklichen Weingenießers, ist eine Figur auf einem steinernen, römischen Weinschiff. Er lehnt seinen runden, bärtigen Kopf an das Weinfass, als wenn er dem glucksenden Wein lauschen würde. Das **Neumagener Weinschiff** war ursprünglich Teil eines römischen Grabdenkmals aus der Zeit des 2. bis 4. Jahrhunderts nach Christi und ist eine der bekanntesten Erinnerungen an die Zeit der Besatzung der Römer an der Mosel, die um 50 v. Chr. begann und rund 500 Jahre dauerte.

Die Mosel ist das **älteste Weinanbaugebiet in Deutschland,** schon die Kelten betrieben hier etwa 500 v. Chr. Weinbau. Aber erst die Römer zogen es professionell auf, dies belegen zahlreiche römische Kelteranlagen, die bei Grabungen in den besten Weinlagen entlang des Flusses entdeckt wurden. Den Römern ging es wohl auch um Genuss – aber vor allem um die Versorgung der Legionäre: Deren Sold wurde zum Teil in Wein ausgezahlt. Es gab **Wein zu jeder Tageszeit** und für jedermann. Die weinhaltigen Getränke von damals wurden übrigens grundsätzlich mit Wasser gemischt – und „verfeinert" mit Aschenlauge, Flöhkraut, Salz, Gips, Pinien- und Pistazienharz. Selbst Kalk gaben die Römer bei, um die Säure zu mildern. Für die würzige Note fügten sie Kräuter wie Oregano und Thymian hinzu, Süßwein wurde mit Ho-

nig und Rosenblütenblättern angereichert. Der geharzte Retsina aus Griechenland kommt dem antiken Wein wohl am nächsten. Die Römer schätzten guten Wein: Die meisten der ausgegrabenen Kelterhäuser liegen nämlich in bekannten Spitzenlagen wie Piesporter Goldtröpfchen, Brauneberger Juffer Sonnenuhr und Erdener Treppchen. Nach der Ernte kamen die Trauben in die Kelterhäuser, dort traten Sklaven sie zu einer dickflüssigen Maische.

In **Trier,** 16 v. Chr. als **Augusta Treverorum** gegründet, wurden die wichtigsten römischen Bauten sogar in die Liste des Weltkulturerbes der Unesco aufgenommen: die Porta Nigra, das Amphitheater, die Barbara- und die Kaiserthermen, die Konstantinbasilika (ursprünglich eine Audienzhalle der römischen Kaiser) und die Römerbrücke. Im Ortsteil Igel kann man die Igeler Säule bestaunen – neben dem Mainzer Drususstein das einzige seit der Antike an seinem Originalstandort oberirdisch erhaltene römische Grabmal nördlich der Alpen. Nicht weit davon steht in einem Weinberghang das Grutenhäuschen. Der

> Die Mosel ist das älteste Weinanbaugebiet in Deutschland

römische Grabtempel aus dem 3. oder 4. Jahrhundert wurde auf den Resten der ursprünglichen Grabkammer teilrekonstruiert. Heute kann man im Grutenhäuschen standesamtlich heiraten.

Entlang der Mosel gibt es unzählige **beeindruckende Baudenkmäler** aus römischer Zeit zu bestaunen: Die Römergräber in Nehren sind zwei hoch in den Weinbergen gelegene römische Grabkammern, deren Gewölbemalerei die am besten erhaltene nördlich der Alpen ist. In Tawern lohnt sich ein Besuch der imposanten Tempelanlage und der römischen Straßensiedlung. Der Kaiserpalast in Konz, die römische Villa Urbana in Longuich, die römische Villa Rustica in Mehring und vor allem die einzigartige rekonstruierte Villenanlage Römische Villa Borg in Perl entführen die Besucher in die Zeit der Antike. Für Weinfreunde lohnt sich besonders ein Besuch der römischen Kelteranlagen in Erden und Piesport. Das richtige „Oh Mosella“-Feeling des römischen Dichters Ausonius, der um 371 in einem Gedicht die Schönheit des Moseltals beschreibt, erlebt man auf der „Stella Noviomagi“: Eine Flussfahrt mit dem originalgetreuen Nachbau eines römischen Weinschiffes ist ein außergewöhnliches Erlebnis.

27

Weinschloss an der Ruwer

Weingut Maximin Grünhaus in Mertesdorf

Ein Flaggschiff kommt in Fahrt: Das Weingut Maximin Grünhaus liegt etwas versteckt im Ruwertal, einem Seitental der Mosel. Schon zu Zeiten der Römer wurde hier am Grüneberg Weinbau betrieben. Eine Benediktinerabtei bewirtschaftete das Hofgut bis 1802. Die Familie von Schubert besitzt Schloss Maximin seit 1882. Seitdem hat sich das Weingut mit dem auffälligen Jugendstil-Etikett einen herausragenden Ruf erworben. Dr. Carl-Ferdinand von Schubert gilt als Grandseigneur der Weinszene und wurde 1995 als „Winzer des Jahres“ ausgezeichnet. „Das ländliche Kleinod ist eine Bastion deutscher Rieslingkultur!“, schrieb damals der Weinguide Gault Millau.

Aber auch Monumente der Weinkultur gilt es weiterzuentwickeln: Maximin und Amelie von Schubert sind die sechste Generation und leiten seit 2014 das traditionsreiche Unternehmen. Sie richten die Segel auf dem Flaggschiff der Moselweinkultur neu aus. „Altes bewahren, Neues gestalten“ lautet ihre Devise: Das kultige Etikett erhielt ein behutsames Facelifting. Im historischen Kelterhaus haben die beiden eine moderne, reduzierte Vinothek eingerichtet mit einem Tisch aus Grünhäuser Eiche als Mittelpunkt. Die denkmalgeschützten Fenster und Türen mit den Messingverzierungen und der alte Kamin blieben erhalten.

Den Kern des Weingutes bilden auf dem 348 Meter hohen Grüneberg die im Monopolbesitz des Weingutes befindlichen drei Weinlagen Grünhäuser Abtsberg, Herrenberg und Bruderberg. Die begehrten Rieslinge aus diesen Exklusivlagen bietet das Weingut im Stile der berühmten Bordeaux-Châteaus in limitierten und nummerierten grünen Holzkisten als Subskription an. Die edlen Großen Gewächse sind rasch ausverkauft. Es geht aber auch günstiger: Der Einstiegswein „Maximin“ ist ein sehr ansprechender feinherber Riesling zum günstigen Preis – mit Trauben von Partnerweingütern an Ruwer und Mosel in Maximin-Grünhaus-Qualität. Die historischen Räume im Schloss können für Tagungen gemietet werden. Übrigens: Der ehemalige Weinberg des Trierer Philosophen Karl Marx lag im Viertelsberg und gehört heute zur Lage Grünhäuser Herrenberg.

TIPP
Schöner feiern: kirchliche Trauungen in der Johanniskirche mit Sektempfang im Schloss.

Weingut Maximin Grünhaus
Maximin Grünhaus 1
54318 Mertesdorf
Tel. (06 51) 51 11
www.maximingruenhaus.de

VDP.GROSSE LAGE
TROCKENBEERENAUSLESE
NR. 221
KABINETT NR. 64
GRÜNHAUS
RIESLING
2018 HERRENBERG
TROCKENBEERENAUSLESE NR. 221
MAXIMIN
GRÜNHAUS
RIESLING
2020 ABTSBERG KABINETT NR.

28

Bulli-Parade ins Wein-Glück

Hotel Zeltinger Hof in Zeltingen-Rachtig

Es gibt verschiedene Strategien, um das richtige Wohlfühlhotel oder -restaurant zu finden. Manche schauen sich von außen die Gebäude und die Pflege der Pflanzen an, um sich ein Urteil zu bilden. Weinbegeisterte studieren allerdings zuerst die Weinkarte, bevor sie sich für eine Einkehr entscheiden. Da fällt die Entscheidung leicht: Der Zeltinger Hof hat mit über 2500 verschiedenen Weinen die wahrscheinlich umfangreichste Weinkarte aller gastronomischen Einrichtungen an der Mosel. Sage und schreibe 160 verschiedene Weine werden offen angeboten. Um sich auf der riesigen „Weinwand" zu orientieren, gibt es ein digitales Tool, das dabei hilft, den perfekten Wein zu finden: Beim Anklicken des Weinflaschen-Symbols auf der Homepage öffnet sich das „Wine Pad": Weinliebhaber können mit allen wichtigen Suchbegriffen wie Rebsorte, Herkunft, Weingut, Jahrgang oder „Harmonie mit Speisen" ihren passenden Tropfen finden. Alleine von der Mosel gibt es über 2000 Weine, zehn deutsche Weinanbaugebiete und sieben weitere Länder sind vertreten. Ideal für besondere Anlässe: Der älteste Wein stammt von 1904, ab 1955 sind lückenlos alle Jahrgänge auf der Weinkarte vertreten. Bei den Jahrhundertjahrgängen 1959, 1971 und 1976 ist die Auswahl am größten.

Das familiengeführte Hotel hat sich über Jahrzehnte stetig weiterentwickelt. Die saisonale Küche überzeugt mit vielen regionalen Produkten von Betrieben aus der Nähe. Das umfangreiche Frühstücksbuffet bietet Wurst und Schinken aus der eigenen Hausmetzgerei an – frisch aufgeschnitten auf historischen Berkel-Maschinen. Neben dem moseltypischen Stammhaus gibt es Gästehäuser im Ort mit attraktiven Wellness-Appartements und Ferienhäuser in den Nachbarorten Wehlen und Graach. Sehr beliebt sind die „Mosel Bulli Touren" mit historischen VW-Bussen. Mit den Oldtimern geht es in die Weinberge zu Verkostungen in den entsprechenden Weinlagen. Der älteste „Bulli" aus den 50er-Jahren hat sogar ausklappbare Frontfenster: Er wird gerne mit Chauffeur als „Hochzeitskutsche" genutzt.

TIPP
In der Moselweinbar Kinkerlitzche gibt's leckere, regionale Snacks zum Wein.

Hotel Zeltinger Hof
Kurfürstenstraße 76
54492 Zeltingen-Rachtig
Tel. (0 65 32) 9 38 20
www.zeltinger-hof.de

29

Der den Riesling rockt

Weingut Immich-Anker in Enkirch

Weinmachen ist eine archaische, langweilige Angelegenheit? Okay – im Weingut Immich-Anker wird seit 1425 Wein angebaut – aber die 17. Generation rockt den Riesling in der modernen Vinothek! Daniel Immich hat Anglistik, Germanistik und Politik studiert – und eine Zeit lang in einer Hardcore-Punk-Band gespielt. Diese Energie braucht es auch, um ein 3,5 Hektar kleines Familienweingut in der Steillage zu betreiben. Die imposante Weingutsvilla von 1897 und gleich daneben die moderne Vinothek mit Solarpanelen auf dem Dach: Schon rein optisch zeigt der besondere, energiegeladene Ort das Spannungsfeld zwischen Tradition und Moderne. Nachhaltig: Die Photovoltaikanlage liefert genug Sonnenstrom für die komplette Weinherstellung!

Die Ausbildung als Wirtschafter und Techniker für Weinbau und Önologie legte den Grundstein für Daniels Arbeit in der Steil- und Steilstlage. Ja – an der Mosel gibt es diese Steigerung! Mit der Monorackbahn fährt er hoch in die Weinberge, um die Rebstöcke auf den Schieferböden zu pflegen. Eine Lage heißt Eisbruch: Hier stehen auf Blauschiefer bis zu 70 Jahre alte Reben. In früheren Jahren, als die Mosel noch zufror, brach genau an dieser Stelle das Eis, oft hingen dann dicke Eiszapfen an den Felsen, daher der Name. Die kleine Einzellage befindet sich im Alleinbesitz der Familie Immich. Überwiegend wird Riesling angebaut – es gibt aber auch etwas Dornfelder Rotwein.

Schon seit den 80er-Jahren bauen die Immichs ihren Sekt nach der traditionellen Gärmethode aus: 36 Monate bleibt der Schaumwein auf dem Hefelager, immer handgerüttelt auf dem Rüttelpult – eine leckere Spezialität. Empfehlenswert ist auch der „Liebling vom Chef“: ein Riesling halbtrocken, den der Seniorchef nach wie vor ganz nach seinen Vorstellungen kreiert. In dem lebendigen Weingut ist immer etwas los: Hier wird geheiratet, Feriengäste genießen den Blick auf die Weinberge, Weinproben gibt es auf Deutsch und Englisch, regelmäßig finden Musikveranstaltungen statt.

TIPP
Doppelt spannend und lecker sind die Krimi-Weinproben.

Weingut & Sekthaus Immich-Anker
Am Steffensberg 19
56850 Enkirch
Tel. (0 65 41) 62 30
www.mosel.net

RIESLING
ROCKS!
FDNY
FIRE DEPT.
CITY OF NEW YORK

30

Wein im Trierer Wohnzimmer

Der Weinstand auf dem Hauptmarkt in Trier

Hier treffen die wichtigsten Trierer Geschäftsstraßen zusammen, hier treffen sich die Trierer: Der Hauptmarkt in Trier ist der zentrale Platz in der ältesten Stadt Deutschlands. Von wunderschönen historischen Häusern umgeben gehört das denkmalgeschützte Ensemble zweifellos zu den schönsten mittelalterlich geprägten Marktplätzen – schon 958 erhielt die Stadt das bunte Marktkreuz und die Marktrechte. Umso verblüffender, dass erst 1984 anlässlich der 2000-Jahr-Feier der Stadt Trier ein Weinstand an dieser historischen Stätte errichtet wurde! Seitdem schenken von März bis November im ständigen Wechsel pro Woche mindestens zwei Weingüter von Mosel, Saar und Ruwer ihre Weine aus. Ob für eine kleine Pause der Einheimischen beim Shopping, als Willkommenstrunk für City-Touristen, für ein Studentenmeeting nach einem langen Tag an der Uni oder für einen Plausch mit Freunden: Der Weinstand hat sich zu einem der wichtigsten Treffpunkte in der Stadt entwickelt. Gut gelaunte Moselaner parlieren hier fröhlich im moselfränkischen Dialekt und genießen dabei den heimischen Rebensaft. Für die Winzer ist es eine unkomplizierte Möglichkeit, in direktem Kontakt neue Kunden zu gewinnen und ihre Weine vorzustellen.

Der besondere Ort ist sehr beliebt: Mit Blick auf die Wahrzeichen Triers wie das Gebäude Steipe auf dem Hauptmarkt und im Norden auf das römische Tor Porta Nigra (Grundsteinlegung im Jahre 170!) probieren die Besucher Riesling von jährlich vertretenen Trierer Betrieben wie den Bischöflichen Weingütern und Vereinigten Hospitien, oder sie entdecken wechselnde Weingüter wie K-J Thul aus Thörnich und Wolfgang Mertes aus Waldrach. Die ehemalige Deutsche Weinkönigin Lena Endesfelder aus Mehring schenkt hier ihre Weine aus – und mit etwas Glück steht TV-Moderator Günther Jauch persönlich im Weinstand und offeriert Rieslinge von seinem Weingut von Othegraven aus Kanzem. Ein besonderer Treffpunkt für glückliche Weinliebhaber: Man verabredet sich am Weinstand mit Freunden. Täglich herrscht bis 22 Uhr ein buntes Treiben – dann ist Zapfenstreich.

TIPP
Auf dem Weihnachtsmarkt gibt es original Winzerglühwein und „Glühviez“ aus Äpfeln.

Weinstand auf dem Hauptmarkt
54290 Trier
www.trier-info.de/weinerlebnisse/weinstand-trier

31

Eidechse liebt Riesling

Wein-Erlebnispfad in Bernkastel-Kues

Mauereidechsen mögen Flächen, die nach Südosten oder Südwesten geneigt sind: Dort lässt sich die Vormittags- oder die Nachmittagssonne optimal auskosten. Sie brauchen es tagsüber warm, nicht zu heiß, nachts mild, nicht zu kalt. Weinbergsmauern in Trockenbauweise mit breiten Ritzen sind ein perfektes Habitat für die Kaltblüter. Deshalb findet man die bis zu 25 Zentimeter langen Tiere häufig in terrassierten Weinbergen entlang der Mosel. Der beliebte Themenweg oberhalb des Ortskerns von Bernkastel zeigt an elf Stationen, wie lebendig die Moselweinberge sind. Für Familien ist der 3,7 Kilometer lange Wanderweg mit mäßiger Steigung in etwas mehr als einer Stunde gut machbar.

Der Erlebnispfad startet am Graacher Tor, dem einzigen noch erhaltenen Tor der ehemaligen Stadtbefestigung. Ein „Band der Geschichte“ mit Hintergrundinformationen über die Stadt- und Weinbaugeschichte begleitet die Wanderer zur ersten Erlebnisstation. Die Schautafel erläutert die Verbindung von Mosel und Riesling – Bänke mit einem Tisch laden zu einer ersten Rast ein. Entspannt geht es eine Weile parallel zum Hang, bis der Weg etwas aufwärts zu einem höher gelegenen Wirtschaftsweg zu den nächsten Stationen führt. „Auf Biegen und Brechen“ – hier erfahren Weininteressierte, wie die Winzer verschiedene „Reberziehungsmethoden“ anwenden, vom Drahtrahmen bis zur Einzelstockerziehung. Weiter bergauf folgt ein Exkurs über Stock und Stein in einem Weinberg, der bei der Flurbereinigung übergangen wurde. Die Artenvielfalt der Pflanzen im Weinberg lässt sich hier besonders anschaulich nachvollziehen. Station 9 mit der Aussichtsplattform ist die beliebteste – der Blick auf das Moseltal von hier oben ist wunderschön. Der Abstieg hinunter in die Stadt führt an der berühmten Weinlage Bernkastler Doctor vorbei – der teuersten Weinlage der Welt. Und wer bei der Wanderung einen offenen Blick für die Umwelt hat, sieht bestimmt einige Eidechsen, die sich auf den warmen Trockenmauern so gerne sonnen.

TIPP
Gruppen können eine geführte Wanderung mit Gästeführer in Römerkleidung buchen.

Wein-Erlebnispfad
54470 Bernkastel-Kues
www.bernkastel.de

32

Pack's ein – ich nehm's mit!

Weingut Caspari Eggert in Traben-Trarbach

Altes Bruchsteinhaus, lauschiger Innenhof mit Weinreben: die „Weinlounge Mosel" entspricht der Vorstellung eines typischen, modernen Moselweinlokals. Erst im Jahre 2000 erwarb die Familie Eggert das Weingut mit Gutsschänke. Quereinsteiger Albrecht Eggert hatte über einen Geschäftskontakt den Betrieb entdeckt und schnell gehandelt: Job gekündigt, Weingut gekauft, Winzerausbildung absolviert – Traumberuf gefunden.

Mit viel Liebe zum Detail und herzlicher Freundlichkeit im Service verwöhnt Familie Eggert ihre Gäste in der Gutsschänke. Die Gerichte wie Flammkuchen aus dem Steinofen, Gräwes (Kartoffelstampf mit Sauerkraut) oder Paninis passen zur entspannten Atmosphäre. In dem denkmalgeschützten Gästehaus stehen sieben Ferienwohnungen bereit. Die Familie bewirtschaftet 4 Hektar – den größten Teil davon in Steillagen. Für die Mosel eher ungewöhnlich ist die breite Rebsortenpalette: Rivaner, Weiß- und Grauburgunder, Sauvignon Blanc und Chardonnay stehen auf der Weinliste. Für Riesling kreierte das Weingut ein eigenes Qualitätssystem: Schiefergrund, Winzerstolz, Goldstück und Alte Rebe heißen die Stufen der Pyramide von Basic bis zur Spitze. Rotweine wie Rotling, Dornfelder und Spätburgunder gibt es ebenfalls im Programm – zudem rote und weiße Glühweine.

Einen wahren Glücksort mit Blick auf das Moseltal hat Albrecht Eggert in der Steillage Enkircher Ellergrub gefunden. Er kämpft für die Erhaltung dieser besonderen Weinbergsparzelle mit wurzelechten Riesling-Rebstöcken und investiert laufend in die Weinberge. Die Trockenmauern sind schon instandgesetzt, auch eine Monorackbahn konnte angeschafft werden. Die Bewirtschaftung für die nächsten Jahre ist gesichert. In der Traben-Trarbacher Fußgängerzone ist das Weingut mit einem Weinladen für kulinarische Spezialitäten vertreten. Neben den Weinen, hauseigenen Bränden und Likören wie „Winzerkaffee" werden Gewürzmischungen, Weingelee und Rieslingsenf in verschiedenen Variationen angeboten.

TIPP
Kulinarische Weinwanderungen mit Verkostungen im Weinberg erleben.

Weingut Caspari Eggert
Weiherstraße 18
56841 Traben-Trarbach
Tel. (0 65 41) 57 78
www.weingut-caspari.de

33

Der Wein der Frauen

Weingut Sandra Berweiler in Leiwen

Als erste Frau in Leiwen erwarb Angela Berweiler den Lkw-Führerschein – damals wirklich sehr ungewöhnlich. Und nicht nur das: Die tatkräftige Winzerin lieferte anfangs ihre Trauben an die Kellerei ab – entschloss sich aber dann nach dem Krieg dazu, ihr eigenes Weingut zu gründen. In ihrer Generation trauten sich das fast ausschließlich Männer zu. Zwei Drittel der Weinberge in Leiwen, Pölich, Schweich und Neumagen liegen in Steillagen.

Heute führt Angelas Enkelin Sandra das 4 Hektar große Weingut in der dritten Generation. Die Quereinsteigerin arbeitete als MTA im Krankenhaus – die Krankheit ihres Vaters brachte sie dazu, die Ausbildung zur Winzermeisterin zur absolvieren und das Weingut zu übernehmen. Mit Erfolg: 2021 und 2022 erhielt sie die Auszeichnung „Winzerin des Jahres" an der Mosel. Auch sonst tritt Sandra in Omas Fußstapfen: Als erste Frau brachte sie es zur Vorsitzenden der Jungwinzer-Vereinigung in Leiwen.

Seit ihrem ersten Jahrgang setzt die Moselanerin auf sogenannte „spontanvergorene" Weine. Sandra Berweiler versucht, den typischen Charakter des Weinbergs „herauszukitzeln" – und dies gelingt ihr ausgesprochen gut. Ihre Rieslinge sind elegant, nicht zu opulent. Ein guter Trinkfluss ist ihr wichtig: „Die Gäste sollen zufrieden nach Hause gehen!" ist ihr Credo. Die aufmerksame Weingastgeberin nimmt sich viel Zeit für ihre Besucher und serviert in ihrer ausgezeichneten Weinwirtschaft kleine Spezialitäten zum Wein, zum Beispiel Wurstsalatcarpaccio, Winzertapas oder herzhafte Winzersteaks vom Rebholzgrill. Zu besonderen Anlässen gibt es ein Drei-Gänge-Menü mit passender Weinbegleitung – gutes Essen und guter Wein gehören für die ehemalige Moselweinkönigin untrennbar zusammen. Ihr Lieblingswein: eine halbtrockene Riesling Spätlese aus dem Annaberg. Für das Rundum-Wohlgefühl der Besucher bietet Sandra Berweiler auch Gästezimmer im Weingut an. Ihre Weinwirtschaft ist wirklich ein besonderer Wohlfühlort im Lauf der Jahreszeiten. Wein ist für die leidenschaftliche Winzerin nicht nur Genuss, sondern eine Lebenseinstellung.

TIPP
„Weingut bei Kerzenschein" im August mit Vier-Gänge-Menü samt Weinbegleitung.

Weingut Sandra Berweiler
Euchariusstraße 35
54340 Leiwen
Tel. (0 65 07) 32 85
www.weingutberweiler.de

34

Beste Weinqualität als Maxime

Maxime Herkunft Mosel

Früher hieß es mal: „Wo zwei Moselwinzer beisammensitzen, gibt es drei Meinungen!“ Heute heißt es: „Wo 32 Winzer beisammensitzen, kommt was Maximales bei raus!“ Es geht um die Verbesserung der Weinqualität – und das erreicht man gemeinsam am besten. „Herkunft“ bedeutet beim Wein, wo er gewachsen ist: Die Lage spielt für den Wein eine Hauptrolle.

Zum Beispiel bei Gerrit Walter vom Weingut Walter in Briedel. Er ist Vorsitzender von Maxime Herkunft Mosel und baut in den klassifizierten Lagen Pündericher Marienburg, Briedeler Schäferlay und Weisserberg die Rebsorten Riesling, Weiß- und Spätburgunder an. Seine Weine verkauft er in der Qualitätspyramide als Gutsweine (Einstiegsqualität), Ortsweine (Beste Weinberge des Ortes) und Lagenweine. Diese wachsen in den besten Weinbergen der Mosel und werden beim Ausbau besonders hochwertig verarbeitet. Für alle Mitgliedsbetriebe gilt zudem: „Die umweltschonende und nachhaltige Bewirtschaftung der Weinberge hat höchste Priorität!“, so Gerrit Walter.

Thomas Ludwig vom Weingut Ludwig in Thörnich ist stellvertretender Vorsitzender der Maxime. Mit seiner Frau Mareike baut er Riesling in der Lage Thörnicher Ritsch an – der Steilhang wird wegen der auffälligen Erhebung auch gerne als Ayers Rock der Mosel bezeichnet. Der Weinberg gilt als Große-Gewächs-Lage und passt perfekt in die Herkunftsphilosophie des Winzervereins. Die Premiumweine des Weingutes wachsen im Kerngebiet des Steilhangs auf Devonschiefer, die jüngeren Parzellen werden für Ortsweine genutzt. Das Weingut konzentriert sich auf Rieslinge mit kerniger Frucht, hat aber auch Weiß- und Grauburgunder, Sauvignon blanc sowie den roten St. Laurent im Angebot. Karl-Josef Thul vom Weingut K-J Thul in Thörnich engagiert sich ebenso bei Maxime Herkunft. Neben dem unverzichtbaren Riesling hat er Weißburgunder, Goldmuskateller und Müller-Thurgau auf der Weinliste. Bei den Rotweinen sind Spätburgunder, Regent und Dornfelder im Angebot. In der gemütlichen Straußwirtschaft genießen die Gäste gerne die feinherbe Weißwein Cuvée „für dich“.

TIPP
Gemütliche Gästezimmer und Ferienwohnungen gibt es im Weingut K-J Thul.

Maxime Herkunft Mosel
c/o Weingut Walter
Hauptstraße 188
56867 Briedel
Tel. (0 65 42) 9 86 90
www.weingut-walter.de

Thörnicher Ritsch

35

Die Sinfonie des Rieslings

Weingut Geschwister Köwerich in Köwerich

Das Konterfei von Ludwig van Beethoven ist weltbekannt – und ziert die Etiketten der Weine und Sekte des Weingutes Geschwister Köwerich. Die Familie der Mutter des Komponisten hieß Keverich und stammte aus dem gleichnamigen Ort – der heute Köwerich heißt. In ihrem Geburtshaus in Koblenz ist ein Museum eingerichtet. Maria Magdalena Keverich heiratete den Musiker Johann van Beethoven, 1770 wurde ihr drittes Kind geboren: Sie nannten ihn Ludwig. Der verstorbene Winzer Peter Köverich gilt als letzter noch mit der Familie van Beethoven verbundener Namensträger. Heute leiten seine Verwandten, die Familie Regnery, das Weingut.

Marcus Regnery hat in Geisenheim Weinbau und Önologie studiert und baut auf 14 Hektar nur klassische Weißwein-Rebsorten an. Seine Weinberge verteilen sich auf die Steillagen Köwericher Laurentoiuslay, Bruderschaft und Thörnicher Ritsch. Die Hälfte der Rebstöcke sind in der Ebene angepflanzt. Von seiner Zeit in Südafrika, wo er als „Winemaker" unterwegs war, hat er sein Faible für die Rebsorte Sauvignon Blanc mitgebracht. Regnery war der Erste, der diese Trendrebsorte an der Mosel anbaute. Er legt sie auch ins Barriquefass und bietet sie als „Blanc Fume" an. Pinot Blanc (Weißburgunder) und Gewürztraminer hat er ebenfalls im Programm – diese Rebsorten eignen sich besonders für den Anbau auf den Sand- und Kiesböden in den ebenen Weinbergen. Eine interessante Cuvée aus Sauvignon Blanc und Gewürztraminer verbindet die geschmacklichen Stärken beider Rebsorten.

Aus seiner Geisenheimer Zeit stammt das Interesse des Winzers an Sekt nach der traditionellen Flaschengärung. Die Schaumweine Sauvignon Brut und Gewürztraminer Brut lagern 48 Monate auf der Hefe, bevor sie degorgiert, also von der Hefe getrennt, und verkorkt werden. Und welche Sinfonien von Ludwig van Beethoven passen zu den Weinen? Die berühmte 5., die Schicksalssinfonie, passt wohl zur Dramatik des Steilllagenrieslings, zum Beispiel aus der Thörnischer Ritsch. Die Europahymne „Ode an die Freude" hingegen eignet sich perfekt zu den Sekten des Weingutes.

TIPP

Im Dezember: Warten aufs Christkind mit Sekt, Glühwein und Printen.

Weingut Geschwister Köwerich
Beethovenstraße 27
54340 Köwerich
Tel. (0 65 07) 37 38
www.weingut-geschwister-koewerich.de

36

Team Wein unterwegs

Weinbergswanderung mit den Weber Brüdern

Wenn's in die Weinberge rund um Wiltingen geht, kommen die Brüder Stephan und Michael Weber daher wie die coolen Weinbergretter. Mit trendigen Bärten entführen die beiden Weinbegeisterte in die Weinberge an der Saar. Von der „Rustikal" genannten zweistündigen Einsteigerwanderung über die „Classic"-Tour mit Infos über die Arbeit im Weinberg im Laufe der Jahreszeiten und leckerem Picknick bis zur „Exquisit"-Weinwanderung als Teambuilding-Event: Die Veranstaltungen der Brüder sind Kult und bieten immer ein besonderes Weinerlebnis.

Dabei schien es vor ein paar Jahren noch so, als ob die Tradition in der Familie nicht weitergeführt werden sollte. Die Großeltern der Brüder betrieben Weinbau und vermittelten den beiden in der Jugend nachhaltig wirkende Leseerlebnisse. Die Eltern verfolgten allerdings andere berufliche Pläne – das Weber Weingut schien dem Untergang geweiht. Da entschlossen sich die Weber Brüder, in Geisenheim zu studieren und das Familienweingut weiterzuführen. 2011 füllten sie ihren ersten Wein ab und waren vom Verkaufserfolg positiv überrascht. Heute bewirtschaften sie rund 4 Hektar Rebfläche, die fast ausschließlich mit Riesling bestockt sind – dazu noch etwas Weiß- und Spätburgunder. Die Weine sind charaktervoll und ausdrucksstark und tragen verheißungsvolle Namen wie Aphrodite, Diabas oder Phoenix. Die Rieslinge kommen moseltypisch mit niedrigen Alkoholwerten daher und entwickeln ihr Geschmackspotenzial, wenn man ihnen ein wenig Reife gönnt. Rosaar, in Anspielung auf die Saar, heißt der sehr ansprechende Roséwein.

Die Wein-Philosophie der Weber Brüder versteht man am besten bei der „Classic"-Wanderung. Zu festgelegten Terminen einmal im Monat von April bis September erleben Weinfreunde die Natur während der Vegetationsphase. Es geht hoch hinaus in die Steillage – vom Wiltinger Galgenberg bietet sich ein toller Blick auf die Saar. Weinprobe dort, wo die Trauben gewachsen sind. „Träumen – erleben – genießen: den Berg erklimmen, das Panorama genießen, sich am Wein erfreuen" – so lautet das Versprechen der Weber-Brüder, das sie bei ihren Weinwanderungen einlösen.

TIPP
Das Weinfest „Klang & Glanz" am Wiltinger Saarufer findet am ersten Augustwochenende statt.

Saarweingut Weber Brüder
Bahnhofstraße 58
54459 Wiltingen
Tel. (01 76) 61 91 24 45
www.weber-brueder.de

37

Welcher Klon darf's denn sein?

Weingut Nik Weis in Leiwen

Woher kommen eigentlich all die Rebstöcke in den Weinbergen? Wo sind sie aufgewachsen? Waren die überhaupt in einer Schule? – Und ob: Keine Rebe wird im Weinberg angepflanzt, die nicht in der Rebschule das kleine Einmaleins der Genetik durchlaufen hat!

Über Jahrhunderte betrieb die Familie Weis Weinbau im Nebenerwerb. Aber erst 1947 gründete der Großvater von Nik Weis das Weingut St. Urbans-Hof. Der heilige Urban ist der Schutzpatron der Winzer und der Weinberge. Er soll vor Trunkenheit, Gicht, Frost und Gewitter bewahren. Der Großvater begann auch mit dem Aufbau einer der ersten privaten Rebschulen in Deutschland. Bis dahin kümmerten sich fast ausschließlich staatliche Anstalten um die Aufzucht von Reben. Die Setzlinge werden im Laufe des Sommers aufgezogen, im November „ausgeschult" und können dann angepflanzt werden. Nik Weis arbeitet intensiv an der Erforschung und Vermehrung alter Rieslingklone der Mosel. Mit seinen Versuchen konnte der Moselaner nachweisen, dass ein gesunder Mix aus unterschiedlich alten Rebstöcken und verschiedenen Klonen eine entscheidende Auswirkung auf die Weinqualität hat. Die Klone aus der Rebschule sind in Deutschland, aber auch international, sehr gefragt: Sogar nach Kanada werden sie exportiert.

Die Weine von Nik Weis sind ebenfalls unbestritten von hoher Qualität. Auf 45 Hektar in herausragenden Lagen wie der Leiwener Laurentiuslay, dem Piesporter Goldtröpfchen und an der Saar im Ockfener Bockstein baut er zu 95 Prozent Riesling an. Im Weinberg setzt das Weingut so weit wie möglich auf Einzelpfahlerziehung und Handarbeit. Im Keller kommen traditionelle Moselfuderfässer zum Einsatz. Höchste Bewertungen erzielen die Kabinett, Spät- und Auslese Rieslinge: vollendeter Genuss bei sehr niedrigen Alkoholwerten. Sehr zu empfehlen ist der Wiltinger Riesling feinherb Alte Reben: In dem Mehrgenerationenweinberg wachsen bis zu 114 Jahre alte Rebstöcke. Im Weingut mit Terrasse und neuer Vinothek erleben die Besucher einen sensorischen Spaziergang durch sechs der besten Lagen an Mosel und Saar.

TIPP
Im Spätsommer die Jahrgangspräsentation auf dem Weingut erleben.

Weingut Nik Weis
St. Urbans-Hof, Urbanusstraße 16,
54340 Leiwen, Tel. (0 65 07) 9 37 70
www.nikweis.com

38

Weinwanderung mit Handy-Guide

Weingut Alten in Detzem

Ich packe meinen Wanderrucksack und nehme mit: einen Chardonnay, einen feinherben Riesling, einen Weißwein-Cuvée, einen lieblichen Riesling Kabinett, ein Weinglas, Wasser, eine Wanderkarte und ein Handy. So perfekt ausgestattet starten Besucher des Weinguts Alten zu ihrer 2,5-stündigen Wanderung durch die Weinberge mit virtueller Begleitung: An vier festgelegten Stationen verkosten die Weinfreunde die mitgenommenen Moselweine und schauen dazu auf ihrem Handy vorbereitete Videos an, die ihnen interessante Infos zu den Weinen liefern.

Das kleine Familienweingut Alten betreibt Weinbau schon seit dem 18. Jahrhundert – die neuen Ideen bringen die beiden Töchter Daniela und Julia ein. Daniela hat an der Mosel und an der Ahr Weinbau gelernt und ist die Kellermeisterin, Julia hat Design studiert und kümmert sich um Marketing und Vertrieb. Die Eltern Dorothea und Klaus arbeiten noch mit – überlassen aber den Töchtern weitgehend das Feld. 8 Hektar Weinberge gilt es zu beackern – die sind natürlich in erster Linie mit Riesling bestockt, aber auch mit dem an der Mosel sehr seltenen Roten Riesling, zudem mit Weißburgunder. Auch Rotweine wie Dornfelder und Spätburgunder haben sie im Programm.

Interaktion mit den Kunden: Bei der Rebstockpatenschaft können Weinfreunde ihren eigenen Rebstock mit persönlichem Namensschild mieten. Für den Patenwein hat sich die Familie Alten für die Sorte Souvignier gris entschieden, in einem Weinberg mit schönem Blick auf die Mosel. Die pilzresistente Rebsorte erinnert an Weißburgunder, hat aber etwas komplexere Strukturen mit Aromen von Wildobst und Pfirsich und einer frischen Säure wie beim Riesling. Im Internet können die Paten das Wachstum ihres Rebstocks verfolgen – man trifft sich bei der gemeinsamen Traubenlese. Julia und Daniela sind sehr aktiv auf Instagram und lassen ihre Community an ihrer Arbeit im Weingut mit unterhaltsamen Posts teilhaben. In der Straußwirtschaft der Familie sitzt man gemütlich und kann kleine Speisen wie leckere Röstbrote, Antipasti und Käse passend zum Wein genießen.

TIPP
Das Weinpicknick an der Mosel genießen, mit Picknickkorb vom Weingut.

Weingut Alten
Thörnicher Straße 9
54340 Detzem,
Tel. (0 65 07) 31 01
www.weingut-alten.com

39

Der Moselsekt Pionier

Sektgut St. Laurentius in Leiwen

Ein ungewöhnlich prickelndes Ergebnis der deutsch-französischen Gemeindepartnerschaften: Als Jungwinzer Klaus Herres Ende der 70er-Jahre nicht ganz begeistert die 400-jährige Weinbautradition in der Familie fortsetzen sollte, traf er eine Delegation aus Leiwens Schwesternort Le Mesnil-sur-Oger. Als die Besucher aus dem bekannten Dorf in der Champagne fragten, warum die Winzerfreunde von der Mosel so gut wie keinen Sekt herstellten, hatte Klaus Herres seine Leidenschaft gefunden. In den Folgejahren baute der Moselwinzer systematisch das Sektgut auf. Anfangs explodierten schon mal ein paar Sektflaschen – aber er ließ sich nicht von seinem Weg abbringen. Heute zählt St. Laurentius zu den am meisten ausgezeichneten Sektgütern: Schon 1998 als „Bester Sekterzeuger Deutschlands“ dekoriert, hat seitdem wohl niemand in Deutschland mehr Preise erhalten als das Sektgut St. Laurentius. Eine besondere Ehre: Seit 1999 schenkt der Bundespräsident im Schloss Bellevue bei Staatsempfängen Sekt von Klaus Herres aus.

Rund 95 Prozent seiner Weine verarbeitet der leidenschaftliche Sektmacher zu Schaumwein. Die Grundweine werden ausschließlich aus gesundem, von Hand geerntetem Lesegut durch eine schonende Ganztraubenpressung hergestellt. Dadurch gewinnt Klaus Herres einen sauberen Most ohne Bitterstoffe. Früher stand der Riesling im Vordergrund – aber über die Jahre kamen die besonders für Sekt geeigneten Rebsorten Chardonnay und Spätburgunder dazu. Alle werden als Crémant ausgebaut. Mindestens zwölf Monate reifen die Sekte in der Flasche auf der Hefe. Für die sogenannte „Dosage“, die Zugabe um die Geschmacksrichtung wie Brut oder trocken festzulegen, werden überwiegend Auslesen und Beerenauslesen verwendet. Mit einem Anteil von 90 Prozent ist Brut am beliebtesten. Der Trend beim Sekt geht zum Rosé – sowohl an der Mosel als auch in der Partnergemeinde in der Champagne. Für Klaus Herres kein Problem: Das hochdekorierte Sektgut hat auch die Auszeichnungen „Bester Winzersekt Rosé“ und 2022 von der DLG sogar „Bester Sekterzeuger“ erhalten.

TIPP
Das Hoffest im Juli mit Live-Musik und Show-Degorgieren besuchen..

St. Laurentius Sekt GmbH
Laurentiusstraße 4
54340 Leiwen
Tel. (0 65 07) 38 36
www.st-laurentius-sekt.de

4

40

Rebstock in Kinderhand

Weingut Hermen in Trittenheim

Lautes Kinderlachen im Weinberg – ist denn ein Wingert ein Abenteuerspielplatz? Winzer Stefan Hermen macht nicht nur Wein, sondern ist auch Weinbauberater beim Dienstleistungszentrum Ländlicher Raum Mosel: Fachliche Anleitungen bei der Arbeit im Weinberg gehören zu seinem Beruf. „Meine Weine sprechen mit dem Weinfreund“ – und wer die Sprache des Weines nicht so ganz versteht, dem erklärt der Trittenheimer ausführlich alles über den Weinbau: vom Anbau im Weinberg über die Lese bis zur Arbeit im Weinkeller. Die Gäste sind interessiert und wollen oft sogar mit anpacken.

Kindern die Tätigkeiten im Steilhang nahezubringen, ist allerdings noch mal eine ganz eigene Herausforderung. 2011 hat der Moselaner zusammen mit der Kultur- und Weinbotschafterin Marlene Bollig den „Trattemer Kinderwingert“ gegründet. „Trattem“ ist der mundartliche Name für Trittenheim. Bei dem Projekt für Grundschulkinder im Alter von sechs bis zwölf Jahren wird jedes Kind Pate eines Rebstockes. Angeleitet von Winzer Stefan Hermen treffen sich die Kinder fünf Mal im Jahr im Wingert und führen die saisonalen Arbeitsschritte wie schneiden, binden und entlauben aus. Im Herbst ernten die Kinder dann gemeinsam ihre Trauben. Eltern und Großeltern dürfen gerne mitkommen und können zuschauen. Neben der Weinbergsarbeit lernen die Kinder auch die Artenvielfalt der Pflanzen und Tiere im Weinberg kennen. Sie wirken an verschiedenen Projekten mit – zum Beispiel am Tierhotel. Jedes „Kiwi“-Kind notiert in einem eigenen Wingertsbuch Infos, Bilder und Geschichten. Gepresste Pflanzen und andere Erinnerungsstücke gestalten das Buch zu einer bleibenden Erinnerung an den Kinderwingert. Am Ende erhalten die Kinder eine Urkunde – aus den geernteten Trauben presst der Winzer einen Traubensaft. Die Erwachsenen genießen eher den „Brot & Butter“-Riesling von Stefan Hermen, der in der berühmten Lage Trittenheimer Apotheke neben dem Riesling auch Weißburgunder, Müller-Thurgau, Sauvignac und Spätburgunder anbaut.

TIPP
In den Ferienwohnungen direkt am Weinberg übernachten.

Weingut Stefan Hermen
Johannes-Trithemius-Straße 59
54349 Trittenheim
Tel. (0 65 07) 7 00 16
www.weinguthermen.de
www.vinosella.de

41

Ein Weinberg duftet nach Lavendel

Der Razejunge Wingert in Lehmen

Ein Traum aus lila blühendem Lavendel verwandelt von Juni bis in den August hinein die Lehmener Würzlay in ein wunderschönes Naturkunstwerk. Auf den 14 Lavendel- und Naturkräuterfelsterrassen wachsen über 3000 Lavendelstauden und mehr als 160 verschiedene wild wachsende Pflanzenarten. Der Grund für diese Vielfalt: Der Verein der Razejunge wollte verhindern, dass die jahrhundertealte Kulturlandschaft verbuscht und die für den Weinbau nicht mehr genutzten Terrassen aus dem Sichtfeld verschwinden. Wo Lavendel wächst, entfalten sich keine Büsche. Die Lehmener Razejunge haben am Fuß des Weinberges einen mediterranen Kräutergarten, den Würzlaygarten, in liebevoller, jahrelanger Arbeit mit über 60 Blumen- und Kräuterarten und 900 Pflanzen angelegt. Der Weinbergerlebnispfad führt durch dieses Naturparadies. Vor allem mediterrane Kräuter wachsen hier neben Johanniskraut, Königskerze und Karthäusernelke. In Bienenstöcken im Weinberg sammeln die Bienen Lavendelhonig, über 30 Tagfalterarten tummeln sich zwischen den Blüten – darunter auch der für die Terrassenmosel typische Apollofalter.

Die Razejunge haben Tradition in Lehmen: Eine „Raz" ist ein aus Haselnuss geflochtener Rückentragekorb. Jahrhundertelang trugen Razejunge im Winter Stallmist, 30 bis 40 Kilogramm schwer, bis in die höchsten Terrassen, genannt „Kuhren", um die Rebstöcke zu düngen. Heute kümmert sich der Verein um die Förderung des traditionellen Weinbaus und pflegt seinen eigenen Riesling-Weinberg. Bei der alljährlichen Traubenlese sind alle mit dabei – vom Kindergartenkind bis zu den über 80-Jährigen. Besucher erleben diesen ungewöhnlichen Weinberg als einzigartiges Naturerlebnis mit jahrhundertealten Trockenmauern und kunstvoll gebauten Bruchsteintreppen.

Ein besonderer Glücksort ist der Rastplatz mit Rebenpergola, Ruhebänken und Liege: Wanderer und Fahrradfahrer können in den Sommermonaten den Duft des Lavendels genießen. Naturprodukte aus dem Weinberg wie Lavendellikör, Lavendelhonig, Öle und Gewürze werden in der örtlichen Bäckerei oder über die Homepage des Vereins verkauft.

TIPP
Razejungeweinprobe beim Wein- und Razejungefest am letzten Wochenende im Juni.

Lehmer Razejunge e. V
56332 Lehmen
www.lehmer-razejunge.de

Lehmer Razejung

42

Weinhotel par excellence

Weingut Gehlen Cornelius, Brauneberg

Typisch für die Mosel: Es fängt an in den 60er-Jahren mit zwei Gästezimmern. Die Gäste haben einen persönlichen Kontakt zu den Vermietern in dem einfachen landwirtschaftlichen Betrieb, genießen die Landschaft, trinken ein Glas Moselriesling, oder auch zwei, mit den Vermietern. Und kommen wieder. Und heute? Heute steht im beschaulichen Weinort Brauneberg ein renommiertes Weingut mit 23 Hektar Weinbergen und einem schicken Weinhotel mit Gartenterrasse, modernen Zimmern und Apartments. Der Blick auf die Weinberge lässt die Herzen der Moselfans höher schlagen – der Fluss liegt nur 650 Meter entfernt.

Familie Gehlen führt Weingut und Hotel als Zwei-Generationen-Betrieb: Die Eltern Helena und Winfried arbeiten „nah am Gast“, sind „outdooraktiv“ und lieben Biketouren rund um die Mosel. Die Söhne Daniel und Christopher sowie Daniels Partnerin Janine engagieren sich im Familienbetrieb – jeder in seinem Bereich. Weinmacher Daniel zeichnet für den Keller verantwortlich. Natürlich steht hier der traditionelle Riesling im Vordergrund – aus den Grand-Crus-Weinbergen Wintricher Ohligsberg und Brauneberger Juffer erntet er hochwertige Lagenweine, die im Keller zu charakterstarken Moselrieslingen reifen. Aber nicht nur diese Weißweinsorten wachsen in den Steilhängen: Auch den trendigen Sauvignon Blanc, Weiß- und Grauburgunder sowie Chardonnay haben Gehlens im Angebot. Ganz Mosel-untypisch ist das Rotweinsortiment: Die Rebsorten Blaufränkisch, Merlot und Syrah verbinden Weinfreunde eher mit Österreich und Frankreich. Aber Rotwein mag Schiefer und Sonne – passt also perfekt an die Mosel! Besonders der kräftige Syrah überzeugt mit pfeffriger Würze, und der Blaufränkische holt sich im Moselweinberg eine faszinierende schiefermineralische Note. Das gibt es nur an der Mosel: Der Alkoholgehalt der Rotweine ist knapp doppelt so hoch wie der des Rieslings! Und was schätzen die Gäste besonders an dem Weinhotel? „Die Unterkunft war sehr sauber! Modern eingerichtete und dazu stilvolle Zimmer mit Blick auf die Weinberge. Man bekommt rund um die Uhr Wein :-)“

TIPP
Das Weingut ist idealer Startpunkt für Rad- und Wandertouren.

Weingut Gehlen Cornelius
Weingartenstraße 33
54472 Brauneberg
Tel. (0 65 34) 4 96
www.gehlen-cornelius.de

GEHLEN
CORNELIUS

Mit dem Scanner auf Insektenjagd

InsektenArtWeg in Wehlen

Weinberge sind viel mehr als eine landwirtschaftliche Nutzfläche: Dank sorgfältiger Pflege und schonender Weinbaumethoden entwickeln sich die Weinlandschaften zu wichtigen Lebensräumen für zahlreiche Pflanzen und Tiere. Damit die vielen kleinen Lebewesen und Gewächse von eiligen Wanderern nicht einfach übersehen werden, gibt es beim InsektenArtWeg 14 Lebensraum-Stelen. An diesen Stationen scannen Weinwanderer den QR-Code und schon erzählt eine Profisprecherin in maximal zwei Minuten Wissenswertes zur Station. Wein- und Naturfreunde erfahren Überraschendes: Neben Blumen wie Kartäusernelke, Natternkopf und Wiesenlabkraut gibt es auch sogenannte „Zeigerpflanzen" – zum Beispiel Rosen. Sie geben Hinweise auf die Bodenbeschaffenheit und zeigen Pilzinfektionen an.

„Verwandlungskünstler" wie Schmetterlinge finden hier artenreiche Blühstreifen, damit Larven und Raupen sich entwickeln können. In einem wahren Luxushotel sind die Bienen untergebracht – sie sorgen für eine gute Ernte in der Landwirtschaft. Station 6 ist den Eidechsen gewidmet: Sie mögen es heiß und trocken, da sind Weinbergsmauern der perfekte Lebensraum. In der Kräuterspirale wachsen Salbei, Thymian, Lauch, Wermut und wilder Oregano – Kräuter lieben das mediterrane Klima in den steilen Weinbergen. Sogar Felsen haben im Wingert ihre Funktion: Sie dienen als Brutplätze für Uhus und als Wuchsort für seltene Felsvegetation. Ein richtiger „Insekten-Wolkenkratzer" aus Schiefersteinen, Holzstapeln und Holzwolle schafft Lebensräume und Refugien für Insekten, Reptilien, Vögel und Kleinsäuger. Über 100 davon stehen entlang der Mosel in den Weinbergen.

Es summt und brummt im Weinberg: Entlang dieser schönen Wanderung durch die berühmte Weinlage Wehlener Sonnenuhr gibt es viel zu entdecken – bunte Wildblumen, Bienen und Schmetterlinge sind ständige Begleiter. Zudem lockt die schöne Aussicht auf die Mosel – eine Glückswandertour. Die 4,7 Kilometer lange Schleife des Moselsteigs beginnt an der Kirche in Wehlen und führt über die einzige Hängebrücke über die Mosel.

TIPP
Die Kräuter im Weinberg bitte nicht mitnehmen!

Mosel-Gäste-Zentrum
Gestade 6
54470 Bernkastel-Kues
Tel. (0 65 31) 50 01 90
www.bernkastel.de

44

Im Land der großen Lagen

Weingut Markus Molitor in Bernkastel-Wehlen

Es liest sich wie das perfekte Wein-Märchen: Es war einmal ein 20-jähriger Wein-Prinz mit einer Vision. Er wollte das perfekte Rieslingland an der Mosel schaffen! Ganz bescheiden begann er mit 2 Hektar Steillagen und erweiterte stetig sein Rebenreich. Rasch kaufte er eine Art Märchenschloss: Haus Klosterberg in idyllischer Lage. Das Gebäude aus dem 19. Jahrhundert war etwas heruntergekommen, aber er ließ es stilgerecht renovieren. Heute erstreckt sich das Rebenreich von Markus Molitor über beste Mosel-Steillagen von Traben-Trarbach bis nach Brauneberg. Selbst an der Saar bei Ockfen und Saarburg bewirtschaftet „Mister Riesling“ besonders wertvolle Lagen. Weltweit bekannte Namen wie Zeltinger Sonnenuhr mit uralten Weinbergen, Ürziger Würzgarten mit roten Schieferverwitterungsböden, die legendäre Steillage Bernkasteler Doctor, die filigrane Brauneberger Juffer und an der Saar Ockfener Bockstein sowie Serriger Vogelsang lassen die Herzen der Rieslingliebhaber höherschlagen. Weinfreunde von überallher besuchen das Weingut mit seinem dreistöckigen unterirdischen Weinkeller und probieren die Weine aus 24 unterschiedlichen Top-Lagen.

Die Philosophie des Weinmachers: „Jede Lage hat ihren eigenen Charakter. Den muss man herausarbeiten und in dem Wein wiedererkennen.“ Deshalb werden alle Weine spontanvergoren, ohne Hinzugabe von Reinzuchthefen, ausgebaut. Im Weinberg setzt er auf kleine, lockere Beeren. Grundsätzlich wird mehrfach und nur mit der Hand gelesen – bei rund 90 Prozent Steillagen gibt es ohnehin keine Alternative. Um sich in der Vielfalt der Weine des 120 Hektar großen Weingutes geschmacklich zurechtzufinden, hat Markus Molitor ein eigenes Farbsystem für die Kunden entwickelt: Die weißen Kapseln stehen für klassische (trockene) Weine, die feinherben Rieslinge sind grün verkapselt und die fruchtsüßen Weine tragen eine goldene Kapsel. Von bemerkenswert hoher Qualität sind auch die Spätburgunder vom Weingut Molitor – der „Riesling-Botschafter“ kann auch Rotwein.

TIPP
Die Vinothek ist in der Saison täglich geöffnet.

Weingut Markus Molitor
Haus Klosterberg
54470 Bernkastel-Wehlen
Tel. (06532) 954000
www.markusmolitor.com

45

Glücksort der Wein-Gastlichkeit

Winzerhof Gietzen in Hatzenport

Was macht einen guten Weingastgeber aus? Nun – auf jeden Fall muss die Weinqualität stimmen. Das fällt der Familie Gietzen in Hatzenport nicht schwer. Hier an der Terrassenmosel meint es die Natur gut mit dem Riesling: Nach Südosten und Süden geneigte, reichlich sonnenbeschienene Steillagen sorgen für ausreichend Sonnenstunden und Reifezeit für den Riesling. Albrecht Gietzen kümmert sich um den Wein. In dem kleinen, 3 Hektar großen Betrieb baut der Winzer überwiegend Riesling an – zudem Spät- und Weißburgunder sowie Sauvignon Blanc.

Für einen guten Weingastgeber braucht es aber auch eine gemütliche Weinstube und einen schönen Innenhof. Dies ist im Winzerhof perfekt gelöst: Innen sitzen die Gäste kuschelig im „Alten Kelterhaus“ oder in der „Weinzeit“ und im malerischen Hof mit Lorbeerbäumen, Glyzinien und Oleander gibt es reichlich lauschige Ecken. Und die Küche? Maria Gietzen kocht moselländische Winzergerichte: Riesling-Kräutersuppe, Mosel-Tapas – aber auch heißen Ziegenkäse im Schinkenspeckmantel oder Schinken-Carpaccio an Rucola-Salat. Maria orientiert sich an der Slow-Food-Maxime: bewusst genießen und verantwortungsvoll mit den Lebensmitteln und der Natur umgehen. Bereits in drei Kochbüchern hat sie moseltypische Rezepte von Winzerkolleginnen und -kollegen gesammelt und eigene Kreationen eingebracht.

Was fehlt noch zu einem guten Weingastgeber? Liebenswerte Menschen! Mit ihrer herzlich-fröhlichen Art sorgt Familie Gietzen dafür, dass sich ihre Gäste wohlfühlen. Wenn die Besucher zu einer Wandertour in die Weinberge aufbrechen wollen, füllt die Winzerfamilie den Wanderrucksack mit regionalen Spezialitäten aus Marias Winzerinnenküche und mit gekühltem Riesling. Zur Rundumbetreuung der Weintouristen gehören auch die Vinothek und die Gästezimmer im Landhausstil. Der Lohn für das Engagement: Beim Wettbewerb „Weingastgeber Mosel 2021“ ist der Winzerhof als Sieger hervorgegangen. „Wein, Genuss und Lebensfreude“ steht als Motto auf einer Schiefertafel im Winzerhof – an diesem Wohlfühlort wird das Versprechen eingelöst.

TIPP
Eine Weinbergwanderung mit Picknick und musikalischer Überraschung mitmachen.

Winzerhof Gietzen
Moselstraße 70
56332 Hatzenport
Tel. (0 26 05) 95 23 71
www.winzerhof-gietzen.com

46

Bergsteiger an der Saar

Weingut Würtzberg in Serrig

Der junge Prinz in seinem von wildem Wein umrankten romantischen Schlösschen hoch oben über der Saar hat einen Traum: Er möchte das britische Königshaus mit Saar-Riesling beliefern. Die Voraussetzungen dafür sind gegeben: Ein Vorbesitzer des historischen Weingutes hat es schon mal geschafft. 2016 hat die Quereinsteiger-Familie Heimes das Weingut übernommen – da war Felix Heimes gerade mal 20 Jahre alt. Heute leitet er mit seiner Schwester Annalena den Betrieb – der erfahrene Kellermeister Franz Lenz unterstützt beim Weinmachen, Mutter Dorothee Heimes ist „Chefin für alles".

Die Geschichte des Weingutes ist faszinierend: 1898 wurde der erste Rebstock im frisch gerodeten Serriger Würtzberg von Hyacinthe Gertrud Puricelli eigenhändig gepflanzt – der Start des ersten Weingutes an der Saar. Das denkmalgeschützte Herrenhaus mit Châteaux-Charakter wurde 1905 von ihrem Schwiegersohn Clemens Freiherr von Schorlemer-Lieser eingeweiht – mit seiner Frau Maria errichtete er auch das prächtige Schloss Lieser in Bernkastel-Kues und lebte dort.

Heute werden auf dem Weingut 17 Hektar in besten Lagen bewirtschaftet: Der Serriger Herrenberg und der Würtzberg sind zwei als „Bernkasteler Ring – Große Lagen" klassifizierte Steilstlagen im Alleinbesitz. Die Weine werden hoch bewertet, vor allem die feinherben Rieslinge Kabinett: Sie überzeugen mit Aromatik und konzentrierter Frucht. Eine Herausforderung sind die historischen Weinterrassen – da werden Winzer zu Bergsteigern. Vom Saarufer bis hoch zum Waldrand überwindet die Steintreppe durch die Weinberge 200 Höhenmeter. Der Bestand an alten Rebstöcken ist hoch – manche sind schon über 90 Jahre alt. Der Önologe Felix Heimes hat 2,5 Hektar neu angelegt – auch die Sorte Auxerrois, die zur Burgunderfamilie gehört. Die Lagen gehören zu den wärmsten an der Saar und eignen sich sehr gut für Burgunderreben. Der Weiß- und der Spätburgunder mit eigener Charakteristik sind ausgezeichnet. Der Beweis, dass auch an der Saar hervorragende Rotweine erzeugt werden können.

TIPP
Auf der Weinwanderung mit Weinprobe geht es durch die Denkmalzone Würtzberg.

Weingut Würtzberg,
Würtzberg 1
54455 Serrig
Tel. (0 65 81) 9 20 09 92
www.weingut-wuertzberg.de

47

Das Wein-Ticket zum Glück

SaarRieslingSommer

Manchmal ist ein Glücksort 20 Kilometer lang und ein Glücksmoment kann ein ganzes Wochenende lang andauern: Mit einem einzigen Ticket genießen Weinfreunde und -profis beim SaarRieslingSommer an zwei Tagen den neuen Jahrgang der Topweingüter an der Saar. Zudem schenken an vielen Stationen Gastweingüter aus anderen Anbaugebieten ihre Weine aus.

Das Veranstaltungskonzept ist ein grandioses Weinhighlight: Entlang der Saar von Konz bis nach Serrig öffnen 17 Weingüter ihre Höfe und stellen ihre aktuellen Weine vor. Mit einem 55-Euro-Ticket können die Besucher alle Stationen mit eigens zur Verfügung gestellten Shuttlebussen anfahren – und zudem Bus und Bahn des ÖPNV nutzen. Das perfekt funktionierende System sorgt dafür, dass der Andrang nirgendwo zu groß wird. Etliche Kleinbusse holen die Besucher von den Bahnhöfen und Parkplätzen ab und chauffieren sie im Minutentakt zwischen Filzen, Oberemmel und Serrig von einem Weingut zum nächsten. Im Preis inbegriffen sind neben dem Transport alle Weinverkostungen sowie Wasser und Brot. Bei vielen Weingütern gibt es zudem auch Food-Stände – vom Sandwich bis zum Wildgulasch.

Architektonisch könnten die Weingüter kaum unterschiedlicher sein: Der futuristische Gebäudekubus des Weinguts Van Volxem in Wiltingen bildet einen starken Kontrast zur historischen Weingutsvilla von Dr. Wagner in Saarburg, der urige Margarethenhof in Ayl unterscheidet sich vom gediegenen Weingut von Othegraven in Kanzem. Herausragend sind auch die Namen der Gastweingüter an den einzelnen Stationen: Meyer-Näkel von der Ahr, Emrich-Schönleber von der Nahe, zudem renommierte Weingüter aus Baden, Franken, Pfalz und international aus Portugal, Spanien und Südtirol. Allen gemeinsam ist der hohe Qualitätsanspruch an ihre Weine. So pilgern die Freunde des auf Schieferboden gewachsenen Rieslings alljährlich an den Fluss der Weinglückseligkeit – an die Saar. Das genussreiche Programm beginnt am Freitagabend bei einem Eröffnungsmenü mit begleitenden Weinen: Auftakt für ein anspruchsvolles und anregendes Genusswochenende.

TIPP
Übernachtungen unbedingt frühzeitig buchen!

SaarRieslingSommer
c/o Moselwein e.V.
Gartenfeldstraße 12 a
54295 Trier
Tel. (0 15 73) 5 54 93 69
www.saar-riesling-sommer.de

48

Wein für Feen und Elfen

Weingut Nick Köwerich in Leiwen

„Herr Mosel“ und „Fräulein Mosel“ – bei Familie Köwerich werden Weine ungewöhnlich benannt und vornehm angesprochen: Offensichtlich geht es Weinmacher Nick Köwerich mehr um den Charakter der Weine als um die konventionelle Nennung von Rebsorte und Lage. Der „Herr“ lässt Muskeln spielen und „passt zum Lagerfeuer“, das „Fräulein“ ist „ein bisschen wild und nicht wirklich trocken“. Weinsprachlich betrachtet sind beide Weine Rieslinge aus der Lage Leiwener Laurentiuslay – der „Herr“ kräftig trocken, dass „Fräulein“ ein leichter Kabinett. Aber wer möchte dies bei so viel Weinpoesie wirklich so genau wissen?

Nick Köwerich ist ein Winzer, der Tradition und Moderne verbindet mit dem Ziel, Wein zu erzeugen, „der die Sinne zärtlich berührt“. Die Wein-Sprachschöpfungen der sympathischen und gastfreundlichen Familie Köwerich sind sehr romantisch: „Für Feen und Elfen“ überzeugt mit Frucht und perfekter Balance, „Für Träumer und Helden“ ist eine opulente Spätlese mit typischen Pfirsich-Aromen – passend zu asiatischen Speisen. Riesling only: Um einen „Einblick“ zu bekommen, empfiehlt sich der gleichnamige Wein als Einstieg in die Köweriche Rieslingwelt. Der leichte, spritzige Wein wird in Szene-Kneipen und Sterne-Restaurants zu leichten Speisen genossen und überzeugt mit klarer, fülliger Frucht. Die Familie mit den drei Töchtern kann auch Wein-Poesie in kleinen Flaschen: „Miniaturen“ heißen die 0,25 Liter kleinen Fläschchen.

Literarische Poesie bietet die Familie in der Zeit zwischen Lese und Austrieb der Reben mit der Veranstaltungsreihe „Erlesenes im Weingut“. Bei einem Glas Wein lauschen die Besucher Autoren wie dem Eifler Norbert Scheurer, Gero von Randow und Monika Traut Bonato, die aus ihren Werken vorlesen. Auch die Agrar-Ingenieurin und leidenschaftliche Moselanerin Annette Köwerich hat Romane geschrieben und Bücher mit Aussagen von Prominenten über die Mosel herausgegeben. In ihrer Vinothek begrüßen die Köwerichs Besucher an drei Tagen in der Woche. Über die reifen Rieslinge sagt Nick: „Flüssige Zeit. Flüssiges Glück.“

TIPP
Abendläuten: Probe mit fünf Rieslingen und Leckereien zum Wein.

Weingut Nikolaus Köwerich
Maximinstraße 11
54340 Leiwen
Tel. (0 65 07) 42 82
www.weingutkoewerich.de

Seitensprung ohne Reue

Moselsteig Seitensprung Wehrer Rosenberg

Der Moselsteig ist ein wunderschöner und beliebter Qualitäts-Fernwanderweg – mit 365 Kilometern einer der längsten in Deutschland. Fast noch schöner sind die zahlreichen „Seitensprünge" und „Traumpfade" entlang der Hauptroute: kürzere, abwechslungsreiche Rundwanderwege mit spektakulären Aussichtspunkten. Ein Seitensprung über Bäche und Berge: Der Wehrer Rosenberg ist ein faszinierender Weinberg mit Artenvielfalt in Flora und Fauna und einem traumhaften Blick auf die Mosel.

Der etwa 2-stündige Rundwanderweg beginnt am Parkplatz Bahnhof Wehr – zunächst geht es am Moselufer entlang bis zur Mündung des Helterbachs, dann steil hoch zu den Überresten einer frühmittelalterlichen Fliehburg. Ein Spaß für Kinder: An der Helfanter Mühle wird das Bachbett des Spirzinger Bachs auf Trittsteinen überquert. Durch das wildromantische Helterbachtal, mit bemoosten Bäumen und Lianen entlang des gurgelnden Bachs, geht es hoch in den Weinberg Wehrer Rosenberg. Der kleine Klettersteig ist ein besonderes Erlebnis mit Trittleitern und Seilsicherungen über steile Kalkfelsen und enge Weinbergsterrassen – aber immer in einer machbaren Schwierigkeitsstufe.

An der Obermosel gibt es wenige bewirtschaftete Terrassen. Vor über 100 Jahren waren die Weine aus der Lage Rosenberg weltbekannt. Auch heute sind sie einzigartig – mit einer Rosenduftnote. Der Weinberg fasziniert durch seine Artenvielfalt: Hier wachsen Weinbergpfirsiche, Zaunrüben und Weinbergs-Traubenhyazinthen. Zahlreiche Insekten sind unterwegs wie der Königskerzen-Mönch und der Moschusbock. Zwischen den Felsen und an den Trockenmauern kann man zahlreiche Mauereidechsen beobachten. An der höchsten Stelle befindet sich ein Aussichtspavillon. Von hier oben bietet sich ein traumhafter Blick auf die Mosel und Luxemburg. Der besondere Ort ist ideal für ein Picknick mit Wein. Das Weingut Carlsfelsen in Palzem bearbeitet die Weinbergsterrassen und hat Lagenweine aus dem Rosenberg im Programm – zum Beispiel einen Grauburgunder. Der Rückweg des Seitensprungs führt bequem bergab wieder zum Bahnhof Wehr.

TIPP
Ein Traum: Rosé Rosenberg Spätburgunder feinherb – mit Rosenduft.

Moselsteig Seitensprung
Wehrer Rosenberg
54329 Konz
www.saar-obermosel.de

Bohnen & Trauben – Cafés an der Mosel

In der Genussregion Mosel verführen nicht nur Weinwirtschaften zur Einkehr – an vielen Orten lockt der Kaffeeduft die Liebhaber des süßen Geschmacks in einladende Cafés. Wein- und Kaffeegenuss lassen sich hervorragend verbinden.

Das Wein-Café Johannishof in **Langsur-Mesenich** ist ein perfektes Beispiel für ein gelungenes Zusammenspiel der wichtigen Dinge im Leben: ein Café mit hausgemachten Kuchen, eigene Weine, vor allem Elbling und Burgundersorten, ein Restaurant mit frischer Regionalküche und „weinselige Gästezimmer" – was braucht der Gast mehr?

In der Weinstadt **Trier** bieten gleich mehrere traditionelle Café-Konditoreien ein grenzenloses Kaffee- und Kuchenvergnügen. Seit 1897 versüßt die Familie Raab den Alltag der Trierer. Walter Raab und sein Sohn Stephan bieten auf hohem handwerklichen Niveau perfekte Torten und über 80 selbst gemachte Trüffel und Pralinen an – darunter natürlich auch leckere Sekttrüffel.

Der beliebte Moselort **Bernkastel** ist ein wahrer Café-Hotspot! Ein Ruheort am quirligen Marktplatz ist seit über 100 Jahren das Café Hansen. In dem hübschen rosafarbenen Gründerzeithaus bietet Norbert Hansen ein faszinierendes Potpourri an Torten, Pralinen und hausgemachtem Eis. Ein Highlight ist die Cusanuskugel, benannt nach dem berühmten Philosophen und Theologen Nikolaus von Kues – ein perfektes Mitbringsel.

Am Nikolausufer in **Kues** ist das Café K sehr beliebt. Vom Frühstück bis zum Nachmittagskuchen werden die Gäste verwöhnt. Besonders gefragt ist der Walnuss-Bienenstich – gebacken nach einem Rezept von der Mutter des Chefs.

Flussabwärts in **Traben-Trarbach** hat das Schweizer Ehepaar Elisabeth Känzig und Werner Schlup in dem fast 350 Jahre alten Fachwerkhaus der Alten Ratsschänke ein Café mit putzig-verspieltem Interieur eingerichtet. Leckerer Cheesecake, Rüblikuchen, Moselwein und echtes Schweizer Käsefondue im Fonduestübchen sind die kulinarischen Highlights. Das verspielte Ambiente mit echt antiken Möbeln ist eine entspannende, kleine Zeitinsel. Ein Hingucker: die handbemalten Becken auf der Toilette.

Hoch hinaus oberhalb von **Traben-Trarbach** liegt das Café und Weinhaus Schöne Aussicht. Ob bei klarer Sicht über die Mosel bis nach Enkirch oder über das nebelverhüllte Tal: Der Blick von hier oben ist paradiesisch. In der Moselsteig Lodge servieren Daniel und Kiki selbstgemachten Landkuchen, herzhafte Gerichte und Wein von der Mosel. In der Lodge gibt es auch Ferien-Apartments – mit Panoramablick.

In **Reil** am Moselufer begrüßen Katja Geiges und Eric Groß ihre Gäste in dem schönen Jugendstilhaus direkt am Moselradweg. Im französisch angehauchten Café Ballé sitzt man schön im Wintergarten oder auf der Terrasse und genießt Croissants zum Frühstück, leichte Bistroküche mit Flammkuchen und Salaten am Mittag und Hauptgerichte am Abend. Sehr zu empfehlen: der Kaiserschmarrn.

„Hier bin ich Mensch,
hier darf ich's sein!"

Die Kaffeerösterei im Zentrum von **Cochem** ist zwar klein – aber wie sie duftet! Beim schonenden Rösten der besonderen Kaffees kann man zuschauen. Neben der großen Auswahl an Kaffee-Spezialitäten gibt es auch Törtchen, Gebäck und Muffins – und natürlich Wein.

Ein verwunschenes kleines Landcafé-Paradies findet sich hoch über **Kobern-Gondorf**. Monika Moritz hat hier in der Villa Provence einen einzigartigen Ort geschaffen, eine Pension mit Café und Hofladen in provenzalischem Landhaus-Ambiente. Sogar der Obstkuchen wird mit Lavendelhonig aus der Provence gesüßt. Für den Besuch des Cafés und des Frühstücks am Sonntag ist eine Reservierung erforderlich.

Und wo gibt's jetzt das Sektfrühstück? Am schönsten im Hotel Deinhard's in **Bernkastel** – an dem Frühstück können auch Gäste teilnehmen, die nicht im Hotel übernachten.

50

Das Erbe der „Weingräfin“

Weingut Kesselstatt in Morscheid

Das romantische Schloss Marienlay im Ruwertal sieht deutlich älter aus, als es in Wirklichkeit ist: Es wurde in den 1920er-Jahren aus Schieferbruchsteinen im sogenannten Heimatstil erbaut. Eine passende Optik, denn die Weintradition des Weingutes Reichsgraf von Kesselstatt geht auf das Jahr 1349 zurück. Vier Klöster mit Weinbergen in besten Riesling-Lagen an Mosel, Saar und Ruwer bilden den Grundstock des 46 Hektar großen Weingutes. Klangvolle Namen wie Wehlener Sonnenuhr und Piesporter Goldtröpfchen an der Mittelmosel, Scharzhofberger an der Saar und Kaseler Nies’chen an der Ruwer sind die Aushängeschilder eines außergewöhnlichen Weingutes.

Als Günther Reh das Weingut im Jahr 1978 erwirbt, entdeckt seine Tochter Annegret Reh-Gartner ihre Liebe zum Wein und entscheidet sich für den Winzerberuf. Sie prägte den Betrieb über drei Jahrzehnte bis zu ihrem Tod 2016 und hinterließ ein zukunftsorientiertes Weingut. Die eindrucksvolle Weinpersönlichkeit wirkte in einer Zeit, in der Frauen in der Weinbranche eher selten in verantwortlichen Positionen zu finden waren. Bis 1999 hatte das Weingut seinen Hauptsitz im historischen Palais Kesselstatt in Trier – damit die Kunden dort eine Anlaufstelle haben, wo der Wein gemacht wird, verlegte Annegret Reh-Gartner den Sitz nach Schloss Marienlay. Entschlossen verfolgte sie einen Qualitätskurs: Das Weingut konzentrierte sich auf die besten Lagen. Der Lohn ihres Engagements: hohe Bewertungen der Weine und die Auszeichnung „Winzerin des Jahres 2011“. Ihrem Einsatz verdankt die Weinwelt auch den Geschmacksbegriff „feinherb“: Das übliche „halbtrocken“ erschien ihr zu wenig aussagekräftig. Die couragierte Weinmanagerin erstritt vor dem Oberverwaltungsgericht die neue Bezeichnung. Besucher können die Weine in den historischen Räumen probieren. In der Trierer Altstadt bietet die Weinstube Kesselstatt am barocken Palais Kesselstatt das gesamte Sortiment des Weingutes an – bis zu 15 Positionen glasweise als offene Weine. Darunter auch der beliebte Sommerpalais Riesling Gutswein – natürlich feinherb.

TIPP
Zur Weinprobe mit Schlossführung anmelden.

Weingut Reichsgraf von Kesselstatt
Schlossgut Marienlay
54317 Morscheid
Tel. (0 65 00) 9 16 90
www.kesselstatt.com

Buddha im Weinkeller

Buddha-Museum in Traben-Trarbach

Wie kommen über 2000 Buddha-Statuen in die weltweit einzige im Jugendstil erbaute historische Weinkellerei an die Mosel? Ganz einfach: weil der umtriebige Unternehmer Wolfgang Preuß sich für den Erhalt der wunderschönen Jugendstilgebäude in Traben-Trarbach interessierte und Buddhas liebte und leidenschaftlich sammelte.

Um die Jahrhundertwende war der beschauliche Moselort Traben-Trarbach ein bedeutendes Zentrum des Weinhandels. Damals gehörte der Riesling von der Mosel zu den teuersten Weinen und war weltweit gefragt. Weinhändler Julius Kayser, genannt der „Moselkayser", war einer der bedeutendsten Weinhändler. Der bekannte Jugendstilarchitekt Bruno Möhring errichtete für ihn 1906 eine prachtvolle Weinkellerei mit einem turmartigen Mittelbau und Rundpavillons an den Ecken, direkt an der Mosel.

Als Wolfgang und Brigitte Preuß 1990 an die Mosel zogen, war die alte Weinkellerei der perfekte Ort für die wachsende Buddha-Kollektion. Das sanierte und um einen Glasanbau ergänzte Haus wurde 2009 eröffnet und beherbergt nun Europas größte Sammlung von Buddha-Statuen. Von einer winzigen, 4 Millimeter kleinen Figur, bis zur größten, 3,90 Meter hohen Darstellung lassen sich hier Statuen aus Burma, China, Indien, Kambodscha, Laos und Thailand aus den unterschiedlichsten Epochen bestaunen. Ein Begleitheft erläutert die Bedeutung der Haltung der Arme und Hände der Skulpturen. Bei meditativer Musik schlendern die Besucher durch diesen besonderen Ort – und entspannen sich in den vielen Sitzecken. Zwischen den Statuen erinnern alte Weinbetontanks mit Jugendstilweinornamenten an die ursprüngliche Gebäudenutzung.

Wie Buddha ausgesehen hat, ist nicht bekannt – die ersten Abbildungen entstanden 500 Jahre nach seinem Tod. Jede Kultur pflegt ihr eigenes Bildnis von Buddha, deshalb sehen die Statuen so verschieden aus. Die Buddha-Figur wird als Abbild einer Philosophie verstanden, nicht als das eines Menschen. Die Ausstellung ist entspannend, informativ und passt zum modernen, lässigen Lifestyle.

TIPP
Der wunderschöne Dachgarten bietet einen grandiosen Moselblick.

Buddha-Haus
Bruno Möhring Platz 1
56841 Traben-Trarbach
Tel. (0 65 41) 8 16 51 80
www.buddha-museum.com

52

Schlemmer-Oase an der Saar

Weingut Peter Lauer in Ayl

Guter Wein, ein ansprechendes Restaurant und ein kuscheliges Landhotel: Dieser Verwöhn-Dreiklang zog die Besucher schon immer magisch an. Seit Mitte des 19. Jahrhunderts gibt es das Weingut mit Gastronomie, zuerst mit einem kleinen Schankhaus. Großvater Peter Lauer baute 1964 ein neues Gebäude mit Hotel und Weinrestaurant – mit Blick auf die berühmte Weinlage Ayler Kupp. Florian Lauer vertritt heute die fünfte Generation und führt das Weingut. In enger Kooperation betreiben Jörg und Laura Diekert das Weinhotel mit Restaurant.

Das hoch bewertete Weingut setzt auf individuelle Weine. Florian Lauer verfolgt einen sehr engagierten, modernen Ausbaustil – auf der Basis der Erfahrungen der Vorväter. Im Weinberg arbeitet er biologisch mit natürlichem Humus, Pferde- und Kuhmist. Traktoren und schweres Gerät lässt der Saarwinzer im Weinberg nicht zu – nur leichte Raupen, die weniger als Menschen wiegen und den Boden nicht verdichten. Der Agraringenieur und Önologe möchte „die Landschaft in die Flasche bringen“ – und dies gelingt ihm ausgesprochen gut. 100 Prozent Riesling aus Schiefersteillagen baut er auf 10 Hektar in sehr unterschiedlichen Geschmacksnuancen an. Im Keller reifen die Weine in traditionellen großen Holzfässern: Er setzt ausschließlich auf die sogenannte Spontangärung. Empfehlenswert sind die feinherben Rieslinge und die Kabinettweine mit sehr geringen Alkoholwerten um 7,5 Volumenprozent – bei vollem Geschmackserlebnis. Eine besondere Spezialität sind die Riesling-Reserve-Sekte: Ganze 20 bis 30 Jahre lang reifen sie auf der Flasche, bevor sie degorgiert, also von der Hefe getrennt, und verkorkt werden. Schaumweinliebhaber können sich auf ein ungewöhnliches Geschmackserlebnis freuen.

Im Restaurant Ayler Kupp zaubert Jörg Diekert eine gehobene Landhausküche passend zu den herausragenden Saarweinen auf den Tisch: Aus zwei Menüs können die Besucher aus regionalen Produkten wie der Leukbach-Forelle oder auch Jakobsmuscheln und Goldbrasse wählen. Laura Diekert kümmert sich herzlich um die Gäste in Hotel und Restaurant.

TIPP
Im Sommer sitzt man sehr schön draußen.

Weingut Peter Lauer
Trierer Straße 49
54441 Ayl
Tel. (0 65 81) 30 31
Weinhotel Tel. (0 65 81) 98 83 80
www.lauer-ayl.de

53

Ein Stück Frankreich an der Mosel

Landhaus Halferschenke in Dieblich

Von außen wirkt das 1832 aus Bruchsteinen erbaute Landhaus wie ein gediegenes Mosel-Château. Hinter der schweren Eichentür verbirgt sich ein freundlicher Gastraum im modernen Landhausstil. Mitte des 19. Jahrhunderts verkehrten hier die „Halfen" – starke, etwas grob gestrickte Kerle mit eigener Tracht und großen Schlapphüten. Mit einem Pferdegespann zogen sie vom Leinpfad aus beladene Schiffe flussaufwärts – und abends floss dann der Moselwein in Strömen.

Die heutigen Gäste der Halferschenke sind eher kultivierte Genießerinnen und Genießer. Sie schätzen die gehobene Landküche des Sternekochs Christoph Schmah und die Weinempfehlungen von Restaurantleiterin Carina Schmah. Das erfahrene Gastronomiepaar war in bekannten Sterne-Restaurants wie Waldhotel Sonnora, Le Canard und Graf Leopold beschäftigt, bevor sie 2020 den Sprung in die Selbstständigkeit wagten. In der Halferschenke leben sie ihren Traum. Beide mögen das französische Savoir-vivre und verbinden diese Lebensart mit der moselländischen Leichtigkeit des Seins. Auf der Speisekarte finden sich deshalb Gerichte aus beiden Genusswelten: Wild aus heimischer Jagd – und Wildgeflügel aus Frankreich. Mosel-Aal aus Burgen und Steinbutt aus der Bretagne. Die regionale Küche setzt auf die biologische Landwirtschaft aus der Region – aber auch auf die Taubenbrust aus der Vendée. Bei den Weinen ist es ähnlich: Carina Schmah ist ein Kind von der Mosel und schätzt die Moselrieslinge. Aber auch für cremige Burgunder und Chardonnay aus dem Barrique kann sie sich begeistern.

Die Halferschenke ist erste Anlaufstelle für Moselwinzer, die zeigen möchten, wie gut die Moselweine zur gehobenen Landhausküche passen. Die Arbeitsgemeinschaft Köche & Winzer an der Terrassenmosel organisiert gemeinsam mit dem Landhaus Genussveranstaltungen. Zum Beispiel Wine & Dine mit dem Steillagenweingut Kilian Franzen aus Bremm oder die Uhlen Gala: ein Fünf-Gänge-Menü mit korrespondierender Weinbegleitung aus der Top-Weinlage Winninger Uhlen. Zur Halferschenke gehören Landhauszimmer, in denen man gemütlich übernachten kann. Das üppige Frühstück ist ein Genuss für sich.

TIPP
Zum stilvollen Sommerfest im Juli anreisen.

Landhaus Halferschenke
Hauptstraße 63
56332 Dieblich
Tel. (0 26 07) 7 49 91 54
www.halferschenke-dieblich.de

54

Onkel Toms Hütte

Weingut Friedhelm Lenz in Bullay

Das ist mal eine Ansage: Willkommen auf der höchstgelegenen (257 Meter) Straußwirtschaft an der Mosel! Auf jeden Fall haben die Besucher von der Terrasse aus einen traumhaften Fernblick über den Fluss. Kein Wunder, dass sich der leidenschaftliche Winzer Friedhelm Lenz 1981 in diesen besonderen Ort verliebte und das Potenzial der exponierten Lage erkannte. Systematisch errichtete er sein eigenes Weingut: Der Moselaner baute einen Weinkeller und ein Privathaus, der Weg wurde befestigt, und er kaufte Weinberge im Bremmer Calmont, Neefer Frauenberg und Bullayer Brautrock dazu. Die Straußwirtschaft präsentiert sich heute mit ansprechenden Weinen, leckeren Gerichten aus der Winzerküche und einem Berghof-ähnlichen Look.

Der Name „Onkel Toms Hütte“ hat übrigens nichts mit dem Roman zu tun – aber es gibt eine Geschichte dazu. Der ehemalige Besitzer errichtete die Weinwirtschaft in den 60er-Jahren. Seinen trinkfreudigen Freund, einen Fährmann, versorgte er mit Wein und verlangte im Gegenzug, dass dieser ihm Gäste auf den Berg schickte. Der Fährmann war ein guter Geschichtenerzähler und gab vor, auf dem Berg sitze ein alter Mann mit grauem Bart, der schon in die Stuhllehne gewachsen sei und der Onkel Tom hieß. Der Name der Straußwirtschaft blieb.

Auch die Weine von Friedrich Lenz erzählen eine Geschichte: Der Boden, die Lage und das Kleinklima sind schmeckbar. Neben Rieslingen mit wunderbaren Fruchtnoten baut Friedhelm Lenz auch Weiß- und Grauburgunder, Gelben Muskateller sowie Rivaner an, ebenso die Rotweinsorten Dornfelder und Spätburgunder (als Rosé). Häufig steht der umtriebige Winzer selbst in der Küche und bereitet die typischen Straußwirtschaftsmahlzeiten zu: Käsetrio, Winzersalat, Ofenkartoffel mit Kräuterquark und das Kammsteak vom Eifelschwein mit Grillkartoffel. Sehr beliebt sind vor allem die Datteln im Speckmantel. In der Hütte herrscht immer gute Stimmung – manchmal spielen Musiker zur Unterhaltung. Die Zeitschrift „Brigitte“ bewertete die Straußwirtschaft 2014 als „drittwertvollsten Tipp an der Mosel.“

TIPP
Im Gästehaus in Bullay bietet das Weingut Zimmer und eine Ferienwohnung an.

Weingut Friedhelm Lenz
Onkel Toms Hütte
56859 Bullay
Tel. (0 65 42) 24 67
www.weingut-friedhelm-lenz.de

Wasserspaß mit Weinblick

Das Panoramabad in Leiwen

Wasser und Wein stehen in enger Beziehung zueinander, ohne Wasser können Rebstöcke nicht wachsen. Auf der Zummethöhe ist die Verbindung unmittelbar erlebbar: Der hohe Einstiegsturm in die 76 Meter lange Riesenrutsche bietet einen atemberaubenden Blick auf die Wasserbecken des Panoramabades, die Moselschleife und die steilen Weinberge des Moseltals. Während der rund 20 Sekunden langen Rutschpartie scheint man ins Moseltal hineinzugleiten – die Lage oberhalb der Weinbaugrenze ist einfach phänomenal. Den Ausblick genießen die Gäste auch ganz entspannt von der mit Ahorn- und Eichenbäumen gesäumten Liegewiese. Wer es komfortabel mag, leiht sich einen Liegestuhl – oder genießt im Café auf der Aussichtsterrasse den Panoramablick. Für umfangreichen Wasserspaß sorgen der Sprungturm mit Wow-Erlebnis beim Sprung in die endlose Aussicht vom 3-Meter-Brett, der Nichtschwimmerbereich und die Kinderbecken mit Sonnensegel.

Und was hat das alles mit Wein zu tun? Einiges – die spektakuläre Aussicht auf die Moselschleife mit den terrassierten Weinbergen ist prämiert. Nur etwas mehr als einen Kilometer entfernt vom Panoramabad lockt der Aussichtspunkt „Schönste Weinsicht" Zummethöhe mit einem sensationellen Rundumblick. Fotografen zieht es immer wieder hierhin für eine Fotosession. Der markante Punkt ist sehr beliebt bei Wanderern auf dem leichten Rundweg Zummethöhe oder als Glücks-Zwischenstopp auf dem Moselsteig von Neumagen-Drohn nach Leiwen. Das beliebte Ausflugsziel ist ein perfekter Ort für ein genussreiches Wein-Picknick. Der „Moselliebe-[W]Einsatzwagen" mit dem Motto „Gut gelaunt – Glücklich – Gesund" öffnet als mobile Weinbar seine Klappen auf der Terrasse des ehemaligen Hotels Zummethof. Am Wochenende und an Feiertagen können Weinliebhaber Rieslinge aus den umliegenden Weinlagen verkosten. Schon die Römer schätzten diesen besonderen Ort: Nach einer Sage soll Kaiser Augustus hier vor über 2000 Jahren für seine Gemahlin Livia eine prunkvolle Villa als Sommerresidenz errichtet haben.

TIPP
Am frühen Morgen kann man in Ruhe seine Bahnen schwimmen.

Panoramabad Römische Weinstraße
Tannenweg 18
54340 Leiwen,
Tel. (0 65 07) 30 09
www.leiwen.de

56

Der Perlenzauberer

Sekthaus Bender in Enkirch

Wie wird eigentlich ein guter Sekt gemacht? Ganz einfach: mit Fachwissen, guten Weintrauben und viel Geduld! Jungwinzer Philipp Bender versteht sein Handwerk: Er hat im Sekthaus Raumland in Rheinhessen gelernt. Volker Raumland ist eine Schaumweinlegende und unbestritten einer der besten Sektmacher in Deutschland.

Im Alter von nur 21 Jahren gründete der Winzersohn Philipp Bender 2017 sein Sekthaus – mit großen Ambitionen. 3,5 Hektar bewirtschaftet er, davon 80 Prozent in der Steillage. Überwiegend Riesling, aber auch Burgundersorten – die eignen sich für die Versektung. Das Sektmachen beginnt im Weinberg: Schon am Rebstock brauchen die Trauben für den sogenannten „Grundwein“ eine intensive Pflege. Man braucht exzellente reife Trauben, um einen herausragenden Sekt zu produzieren. Der Lesezeitpunkt spielt also eine entscheidende Rolle.

Philipp, der Perlenzauberer, konzentriert sich ganz auf die Sektherstellung. Dafür braucht es viel Geduld. Weil Schaumwein erst mal liegen bleibt. Der Riesling Sekt Schiefer Cuvée zum Beispiel reift in der mit einem Kronkorken verschlossenen Flasche 33 Monate lang auf der Hefe. Zunächst lagern die Flaschen waagerecht. Vor dem Entfernen der Hefe werden die Flaschen in sogenannten „Rüttelpulten“ aus dieser „Ruhestellung“ peu à peu in die Senkrechte gebracht – damit sich die Hefe im Flaschenhals sammelt. In regelmäßigen Abständen drehen Philipp und seine Freundin Christina die Flaschen nach einem bestimmten Schema um eine Viertel-Drehung und stellen sie etwas steiler. Diese Art der Schauweinproduktion nennt man auch die traditionelle, klassische Flaschengärung. Mit viel Fingerspitzengefühl geht es darum, feinste Perlage und eine unverwechselbare Aromatik in den Schaumwein zu zaubern – it’s magic! Die Entfernung des Hefepfropfens nennt man degorgieren. Das Hefedepot wird kurz vereist und die Flasche mit dem Degorgiereisen geöffnet. Durch den Druck fliegt der Hefepfropf raus. Die „Dosage“, die minimale Zugabe von Wein und Zucker, legt die Geschmacksrichtung fest: „Brut ist das neue nice“, ist sich Philipp sicher.

TIPP
Riesling Sekt Brut Mosel aus dem Enkircher Herrenberg genießen

Sekthaus Bender
Großbachtal 14
56850 Enkirch
Tel. (01 75) 2 66 78 42
www.bender-mosel.de

57

Wein im Schuhladen

Wine in the City in Trier

Passen High Heels zum Riesling, Sneakers zum Müller-Thurgau? Sekt zum neuen Sport-Outfit – oder Gewürztraminer zu Parfum von Chanel? Wer an der Schlenderweinprobe bei der Veranstaltung Wine in the City am ersten Mai-Wochenende in Trier teilnimmt, steht vor ungewöhnlichen Entscheidungen: Die sechs Stationen der beteiligten Winzer befinden sich in der Innenstadt in Ladengeschäften, die normalerweise recht wenig mit Wein zu tun haben. Zum Beispiel in einem Schuhgeschäft, einer Parfümerie oder einem Sportladen.

Bei Wine in the City dreht sich ein Wochenende lang im Zentrum von Deutschlands ältester Weinstadt alles um den Moselwein. Auf dem Hauptmarkt probieren die Besucher in einem eigens aufgebauten Weindorf den heimischen Rebensaft von fünf Weingütern, auf dem Domfreihof sitzen die Gäste gemütlich im Weinzelt mit Weingarten und werden von drei Mosel-Weingütern umsorgt. Ein weinaffines Bühnenprogramm auf zwei Bühnen bietet passende Unterhaltung: „Weinmundwerker" Thomas Vatheuer überzeugt mit „Vinotainment". Er talkt mit Winzern und Weinköniginnen und moderiert Raritäten-Weinproben. Feel Good Music und Singer-Songwriter halten die Besucher bei Laune.

Wein probieren und shoppen: Das Konzept des langen Weinwochenendes verwandelt die über 2000 Jahre alte Stadt in eine vinologische Shopping-Mall. Am verkaufsoffenen Sonntag verwöhnen die Ladengeschäfte die Weinfreunde mit weinigen Give-aways: ein Secco zu einem Paar Wanderschuhen, ein Winzersekt beim Juwelier, ein Glas Sekt mit der neuen Brille vom Optiker. Restaurants haben Weingüter und Winzer zu Gast und bieten Gerichte zum Wein, zum Beispiel Spargel, an. Wer sich für die Weingeschichte der Moselstadt interessiert, kann an der „Lauf-Weinprobe" teilnehmen. Historischer Elbling am berühmten Römertor Porta Nigra, feinherber Riesling im historischen Weinkeller der Weinstube Kesselstatt unter dem Palais. Eine eigene Kellertour durch die unterirdischen Gänge und Weingewölbe kann ebenfalls gebucht werden. Eine ganze Stadt lässt die Korken knallen!

TIPP
Unbedingt mit Bus oder Bahn anreisen!

City-Initiative Trier e. V.
Kaiserstraße 27
54290 Trier
Tel. (06 51) 4 60 26 38
www.treffpunkt-trier.de

58

Gipfelstürmer im Wein-Olymp

Weingut Schloss Lieser

Das imposante historische Schloss Lieser ist unübersehbar. Unmittelbar daneben befindet sich das Weingut Schloss Lieser mit idyllischem Gutshof: zwar weniger prachtvoll, aber ein strahlend leuchtender Stern am internationalen Weinhimmel. Geschichtlich sind das Luxushotel und das Weingut zwar verbunden – es sind aber komplett getrennte, eigenständige Betriebe.

Thomas Haag arbeitete in dem 1904 erbauten Weingut zunächst als Betriebsleiter. In den 90er-Jahren bot sich dann die Gelegenheit, den sanierungsbedürftigen Betrieb zu übernehmen. Einst gehörte er zu den Besten an der Mosel, bis es in den 1970er-Jahren durch mehrfache Eigentümerwechsel zu qualitativen Einbrüchen kam. Thomas und Ute Haag mussten viel investieren, um die Kellerei neu aufzubauen. In sorgsamer Aufbauarbeit über Jahrzehnte mit Zukäufen von großen Lagen wie Berncasteler Doctor und Piesporter Goldtröpfchen gelang es der Familie, das Weingut zu neuem Glanz zu führen. Ihre harte Arbeit und Hingabe haben sich gelohnt: Das Lagenportfolio des Weinguts umfasst heute acht Große Lagen.

Die Leidenschaft für hochwertige Rieslinge ist bei Thomas Haag schon familiär verankert: Sein Vater Wilhelm Haag vom renommierten Weingut Fritz Haag war ihm ein wichtiger Mentor. Thomas' Bruder Oliver führt das Weingut Fritz Haag heute – beide Weingüter gehören zu den Spitzenbetrieben an der Mosel. „Ich muss die Trauben schmecken, um zu wissen, wann sie gelesen werden können", sagt Thomas Haag, der seine Ernte in bis zu vier Durchgängen einbringt. Der richtige Lesezeitpunkt ist eine der wichtigsten Entscheidungen eines Winzers. Wegen seiner Hingabe zur Qualität erhielt Thomas Haag mehrfach die Auszeichnung „Winzer des Jahres", seine Weine erreichen höchste Punktzahlen. Für Traumweine aus der Lage Niederberg Helden wie die „Auslese lange Goldkapsel" vergibt Robert Parker schon mal 100 Punkte. Trotz aller Erfolge hat sich die Familie ihre Bodenständigkeit bewahrt. Die nächste Generation mit Lara und Niklas Haag engagiert sich schon im Weingut.

TIPP
Ein Besuch in der wunderschönen historischen Vinothek lohnt sich.

Weingut Schloss Lieser
Am Markt 1–5
54470 Lieser
Tel. (0 65 31) 64 31
www.weingut-schloss-lieser.de

59

Hier ist das Deinhard's!

Weinhotel Deinhard's in Bernkastel

Ein Weinhotel mit klangvollem Namen: Genauso selbstbewusst wie der gleichnamige Sekt, der mit dem Werbespot „Wo ist der Deinhard?" für selbstbewusste Frauen steht, präsentiert sich das Weinhotel in der Bernkasteler Altstadt. Auf dem Gelände der alten Weinbauschule ist ein außergewöhnliches Zentrum für „Kunst, Kultur, Begegnung mit Wein & Sekt" entstanden. Im Foyer des Hotels begrüßt eine Bacchus-Skulptur des bekannten Düsseldorfer Künstlers Markus Lüpertz und gibt die künstlerische Linie des Hauses vor. Von ihm stammen einige der großformatigen Bilder. In wechselnden Ausstellungen sind auch schon mal Originale des englischen Landschaftsmalers William Turner zu sehen – er besuchte Bernkastel 1830.

Im Zentrum des modernen Boutiquehotels steht der Moselwein, als Stillwein und sprudelnd. Wer möchte, kann den Tag im Restaurant Flora schon mit einem Deinhard-Sektfrühstück beginnen. Das Stammhaus der legendären Sektmarke steht zwar in Koblenz, aber schon 1900 betrieb der Sektproduzent eine Gutsverwaltung und Kellerei in Kues. Viele Hektar bester Lagen wurden bewirtschaftet, unter anderem im weltberühmten Bernkasteler Doctor in Sichtweite des Hotels – bis heute der teuerste deutsche Weinberg.

Das Deinhard's bietet regelmäßige Führungen durch die Installation „Bildung Wein" an. In der „wineBank" können Weinfreunde Fächer für ihre Weinflaschen mieten und sich rund um die Uhr mit anderen Weinfans austauschen. Im Restaurant Dian genießt man nach dem Motto „Asia meets Riesling" Gerichte aus Vietnam, Thailand, Japan und Korea. Die Moselrieslinge von der umfangreichen Weinkarte passen perfekt zur fernöstlichen Küche. Zum Hotelangebot gehört auch ein Wellnessbereich mit drei Saunen. Die weinsinnigen Massageangebote im Spa heißen passend zum Wein „Trauben-Elexier" mit kalt gepresstem Traubenkernöl und „Wein-Stein" mit heißen Basaltsteinen. Passend zum Namen des Hotels gibt es eine hauseigene Sektmanufaktur: Besucher können hier selbst Sekt degorgieren (Hefepfropf entfernen) und Sektflaschen im Rüttelpult rütteln.

TIPP
„Deinhard prickelnd": Das ist ein Ganzkörper-Bürstenpeeling im Spa.

Deinhard's
Gestade 12
54470 Bernkastel-Kues
Tel. (0 65 31) 9 71 54
www.deinhards.com

60

Der goldene Gernot

Weingut Hain in Piesport

Richtig großes Mosel-Kino: Das imposante offene Amphitheater bis hin zum Felsvorsprung, der gerne Moselloreley genannt wird, wurde schon im 4. Jahrhundert von dem römischen Dichter Ausonius beschrieben. 1875 verkauft ein Piesporter Winzer 13 Flaschen der weltberühmten Lage Piesporter Goldtröpfchen des Jahrgangs 1868 nach Berlin – die erstmalige schriftliche Erwähnung der Lage.

Mit einem wahrhaft „goldenem Händchen" gelingt es dem ambitionierten Winzer Gernot Hain jedes Jahr, aus dieser besonderen Lage mit perfekten Trauben herausragende Weine zu keltern. Für die Fachpresse zählt Gernot Hain zu den „talentiertesten jungen Weinerzeugern" an der Mosel. Mit naturnaher Pflege begleitet er das ganze Jahr über die Rebstöcke in der Spitzensteillage. Der schützende Waldsaum sorgt für eine gute Wasserversorgung. Auch dank ungewöhnlich viel Feinerde im Boden überzeugen die Rieslinge mit kristallklarer Frucht und niedrigen Alkoholwerten. Schon seit dem 17. Jahrhundert gibt es Weinbau in der Familie – auf den 11 Hektar wachsen zu über 80 Prozent Rieslingstöcke. Gernot hat aber auch ein goldenes Händchen für Chardonnay, Weißburgunder und Müller-Thurgau. Sein Weißburgunder wird zu den Besten in der Region gezählt. Sehr gelungen sind der Spätburgunder und die Rotwein-Cuvée aus Spätburgunder, Merlot und Dornfelder mit dunkler Beerenfrucht und feinen Tanninen. Die Weine baut Gernot Hain in einem über 300 Jahre alten Gewölbekeller im Edelstahltank und in Holzfässern aus. Das Weingut legt Wert auf authentische Weine.

Der Familienbetrieb von Gernot und Susanne Hain liegt gleich unterhalb der berühmten großen Lage – nicht weit vom Fluss. Zu ihm gehört das traditionsreiche, aber modern gestaltete Weinhotel – natürlich mit dem Namen „Piesporter Goldtröpfchen". Auf der Terrasse mit Moselblick ist der perfekte Ort für den Genuss dieses besonderen Tröpfchens. Eine regionale, frische Küche passend zum Wein bietet die Familie Hain während der Saison von Ostern bis November in ihrem Restaurant an. Ein Wein-vergoldeter Ort.

TIPP
Das Weinhöfefest im August mit Live-Musik besuchen.

Weingut Hain
Am Domhof 4–5
54498 Piesport
Tel. (0 65 07) 24 42
www.weingut-hain.de

61

Der Zug zum Wein

Moselweinbahn von Bullay nach Traben-Trarbach

Einsteigen bitte! Nächster Halt: idyllisches Winzerdorf! Die Kultbahn an der Mosel heißt Moselweinbahn – auch wenn gar kein Wein an Bord ausgeschenkt wird. Die Bahn-Nebenstrecke von Bullay nach Traben-Trarbach mit den Haltepunkten Reil und Kövenig ist nur 10,4 Kilometer lang – dafür bietet sie aber gleich mehrere Highlights für Eisenbahnfans. Kurz nach dem Start in Bullay geht's über die Doppelstockbrücke Alf-Bullay: 1878 fertiggestellt war sie die erste dieser Art in Deutschland. Oben fährt die Bahn, auf dem „Untergurt" der Brücke verläuft die Landstraße. Von der Brücke aus rollt der Zug in den 459 Meter langen Prinzenkopftunnel. Unmittelbar danach schließt sich gleich die nächste Besonderheit an: Der Zug fährt über das imposante und mit 786 Metern längste Hangviadukt in Deutschland. Nach 18 Minuten Fahrtzeit endet die idyllische Fahrt – zum Glück fährt die Bahn im Stundentakt und kann gerne wiederholt genutzt werden. Zu besonderen Anlässen kommt manchmal wie vor über 100 Jahren eine Dampflok zum Einsatz.

Die kurze Moselweinbahn weckt bei Eisenbahnfans Erinnerungen an das legendäre „Saufbähnchen": 60 Jahre lang, von 1903 bis 1962, wurde die 102 Kilometer lange Kleinbahnstrecke entlang der Moselschleifen von Bullay nach Trier betrieben. 4,5 Stunden dauerte die Fahrt, im Durchschnitt zuckelte der Zug mit 27 Stundenkilometern über die Strecke. Während der Fahrt wurde Wein im Salonwagen ausgeschenkt. Auf der Fahrkarte waren die Weine ausgedruckt, aus denen man wählen konnte – viele nahmen die Weinliste gleich mit. Zeitzeugen berichten, dass man den Wein flaschenweise beim Schaffner privat kaufen konnte.

Auch der Schriftsteller Kurt Tucholsky war von der Fahrt angetan und schrieb 1929: „Wir soffen uns langsam den Fluß hinab, wir fuhren mit dem Saufbähnchen von Trier nach Bulley hinunter, und auf jeder dritten Station stiegen wir aus und sahen nach, wie es mit dem Weine wäre." Im alten Bahnhof von Pünderich erinnert ein liebevoll gestaltetes Museum an die Moselbahn. Bei freiem Eintritt können Besucher viele Original-Dokumente bestaunen – auch die Fahrkarte mit Weinliste.

TIPP
Der Moselweinbahn-Wanderweg bietet tolle Aussichten auf die Bahnstrecke.

Moselweinbahn
von Bullay nach Traben-Trarbach
im Stundentakt
Tel. (06 51) 9 70 67 21 01
www.moselwein-bahn.de

Das Hotel der Weinkönigin

Weinhotel Weis in Mertesdorf

Ein Weinhotel im wahrsten Sinne des Wortes: Aus kleinsten Anfängen ist das imposante, inhabergeführte Familienhotel direkt an den Weinbergen im Ruwertal stetig gewachsen. In den 80er-Jahren lernt Hotelier und Winzer Herbert Weis seine Frau kennen: Winzertochter Mechtild Meyer aus dem Nachbarort Waldrach. 1985 wird Mechthild in Neustadt an der Weinstraße zur 37. Deutschen Weinkönigin gewählt. Damals waren die Zeiten schwierig für den deutschen Wein: Es gab Absatzprobleme – der Glykolskandal verunsicherte die Weinkunden. Weinkönigin Mechtild kämpfte in der ganzen Welt für den Ruf des heimischen Weins – allein in Japan blieb sie vier Wochen lang. Herbert Weis kaufte 1982 das renommierte Weingut Erben von Beulwitz hinzu, das bereits 1867 auf der Pariser Weltausstellung von der „königlichen Central-Commission" für seine besonderen Qualitäten ausgezeichnet wurde.

Gemeinsam entwickelte das ambitionierte Paar mit Leidenschaft und Feingefühl Weingut und Weinhotel zielstrebig zu einem Weinparadies auf gehobenem Niveau. Fast nur Weißweinsorten wachsen in den Ruwer Weinbergen der Familie: natürlich überwiegend Riesling, aber auch Weiß- und Grauburgunder sowie etwas Spätburgunder. Die Spitzenlage des Weinguts ist das Kaseler Nies'chen. Ein Drittel ihrer Anbaufläche, 2,5 Hektar, liegen in dem sehr steilen Hang, der bekannt ist für mineralische Weine mit intensiver Fruchtaromatik.

Im hoteleigenen Restaurant Vinum genießen die Gäste alle Weine des Weingutes zu kreativen Gerichten aus regionalen Spezialitäten wie Wild aus dem Hochwald und Bachsaibling, aber auch internationale Kreationen wie gebratener Seitan in Curry-Kokos-Sauce verwöhnen die Gäste. Die ambitionierte Küche liefert zuverlässig leckere Gerichte zu einem guten Preis-Leistungs-Verhältnis. Für den kleinen Hunger gibt es moselländische Gerichte in der Weinstube, zum Beispiel Weinsülze mit Bratkartoffeln. Der Service ist aufmerksam und sehr freundlich. Zum Hotel gehört auch das Riesling Spa mit Sauna und Dampfbad, sowie eine ganztägig geöffnete Vinothek.

TIPP
Die moderierte kulinarische Weinprobe findet am zweiten Samstag im November statt.

Weinhotel Weis
Eitelsbacher Weg 4
54318 Mertesdorf
Tel. (06 51) 9 56 10
www.hotel-weis.de

2011

63

Abenteuerland Weingut

Weinmanufaktur Petershof in Oberemmel

Das ist mal eine echte Story auf Instagram: Am 21. Dezember 2019 postet die Weinmanufaktur ein Selfie von Nelly und Peter mit dem Text: „Andere machen eine Weltreise, wir bauen unser eigenes kleines Weingut an der Saar auf, unser Abenteuer. Unseren ersten Wein wird es im Frühjahr 2021 geben." Seitdem konnten die beiden einiges auf der To-do-Liste abhaken: Weinberge an der Saar gepachtet, symbolisch auch einen gekauft, Wirtschaftsgebäude gekauft und saniert, 2020 erste Traubenlese eingebracht. Natürlich: Peter Thelen hat 15 Jahre in Weingütern an der Saar, in Württemberg und Südafrika Erfahrungen gesammelt und in Geisenheim studiert – aber die Gründung eines Weingutes ist schon eine komplexe Herausforderung. TV-Journalistin Nelly Thelen hat in Hunderten von Instagram-Posts die spannende Geschichte dokumentiert. Freunde und Familie helfen 2021 beim Abfüllen des ersten Jahrgangs – die Rieslinge mit den markanten Etiketten gehen in den Verkauf. Dann der Hammer: Peters Jungfernjahrgang wird vom renommierten Weinführer VINUM hoch bewertet, die Weinmanufaktur gilt als „Entdeckung des Jahres Region Mosel." Peter und Nelly haben bei null angefangen, das bedeutet eben auch Freiheit bei allen Entscheidungen. Sie können ihren Traum leben und die Weine so ausbauen, wie sie es für richtig halten.

Und Manufaktur nehmen die „Saarkinder" wörtlich: Handarbeit spielt eine große Rolle. Mittlerweile bearbeiten sie 6 Hektar, fast ausschließlich Riesling, aber auch etwas Spät- und Weißburgunder. Den bieten sie als Blanc de Noir an. Ihre Weinberge düngen sie rein organisch und achten auf artenreiche Bodenbegrünung. Die Saar liegt 100 Meter höher als die Mosel – was früher als Nachteil galt, ist heute für den Riesling hilfreich. Die Weine überzeugen durch kompromisslose, klare Frucht. Wer die Weinmanufaktur besucht, darf keine opulente Designer-Vinothek erwarten. Weinfreunde erleben aber eine Werkstatt für Riesling und ein sympathisches junges Paar beim Aufbau eines Qualitäts-Weinguts – ein einfacher Glücksort.

TIPP
Zur Jahrgangspräsentation mit Musik am Pfingstsonntag anreisen.

Weinmanufaktur Petershof
Am Rosenberg 2
54329 Konz-Oberemmel
Tel. (01 51) 70 11 12 60
www.weinmanufaktur-petershof.de

64

Moselromantik pur

Gutshof Zenz in Ediger-Eller

Ein Moselörtchen wie aus dem Bilderbuch – im Dumont-Reiseführer wird Ediger-Eller sogar als „Rothenburg" an der Mosel bezeichnet. Der Ort erhielt schon 1363 die Stadtrechte. Zwischen der weitgehend erhaltenen 7 Meter hohen Stadtmauer mit sechs Türmen aus dem 14. Jahrhundert können Besucher viele Fachwerkhäuser aus dem 17. Jahrhundert bestaunen. Sehenswert: das kunsthistorisch relevante Steinrelief „Christus in der Kelter" in der Kreuzkapelle aus dem 16. Jahrhundert. Brauchtumspflege wird in dem aktiven Dorf großgeschrieben: Beim „Edschara Stohlgang" ziehen alle am Montag nach dem Weinfest im August mit Wurst, Käse, Kartoffelsalat, Wein und einem Klappstuhl in die verwinkelten Gassen und feiern bis in die Nacht.
In dieses romantische Stadtbild mit Kopfsteinpflaster und mittelalterlichen steinernen Torbögen fügt sich der aus Bruchsteinen errichtete Gutshof der Familie Zenz im Ortszentrum von Ediger sehr gut ein. Seit über 500 Jahren betreibt die Familie Weinbau – und das in extrem steilen Weinbergen wie dem Bremmer Calmont. Das müsste eigentlich doppelt zählen. Aber auch die Lagen Ediger Feuerberg und Osterlämmchen fordern von den Winzern den vollen Einsatz. Vor allem Riesling, dazu noch Rivaner und Weißburgunder – aber auch Rotweine wie Spätburgunder, Dornfelder und Regent baut die Familie an. Insgesamt bewirtschaftet sie immerhin mehr als 5 Hektar.
Die empfehlenswerte Gutschänke von Monika Zenz bietet mit dem historischen Gewölbekeller eine coole Location – authentischer lässt sich Wein kaum genießen. Bei schönem Wetter sitzen die Gäste im lauschigen Hof. Liebevoll zubereitet: Die herzhaften Weinstubengerichte wie gegrilltes Lachsfilet oder Winzerschnitzel bieten eine gute Qualität. Als Digestif empfiehlt es sich, einen Brand aus der hauseigenen Destillerie zu genießen: Seit fünf Generation brennt die Familie Obst aus heimischem Anbau. Wer möchte, kann im Winter beim Brennen „reinschnuppern". Hochwertige Gästezimmer und Ferienwohnungen runden das perfekte Angebot für Weintouristen ab.

TIPP
Eine Wanderung zum Eulenköpfchen mit fantastischem Rundblick über die Moselschleife.

Gutshof Zenz
Hochstraße 29
56814 Ediger-Eller,
Tel. (02675) 384
www.gutshof-zenz.de

65

Weingeschichten für Jüngere

Weingut Knodt-Trossen in Kröv

So geht Weingut heute: Auf TikTok und Instagram posten die Winzertöchter Aline und Josephine Knodt unterhaltsame Geschichten aus dem Alltag des Familien-Weingutes. In munteren Videos informieren sie locker über Themen wie Rebstockpatenschaft, veganen Wein – oder einfach mal, wie sie lustig die Steillage runterrutschen: „Sliding into the week". Kein anderes Weingut in Deutschland hat so viele Follower auf TikTok wie die beiden Schwestern – es sind über 55 000. Besonders die ältere Aline glänzt mit professionellen Weinerklärungen oder Basteltipps wie einem „Last-Minute-Adventskranz". Tiktok haben sie während Corona für sich entdeckt, dann einfach mal mit Videos losgelegt. Am Anfang war auch mal ein Tanzvideo dabei. Später aber folgten Wein-Erklärvideos – auch für Ältere geeignet.

Andrea und Udo Knodt konzentrieren sich in ihrem Familienweingut mit gerade mal 3 Hektar auf leichte Rieslinge aus der Steillage – sie haben aber auch Weißburgunder, Rivaner und Spätburgunder im Angebot. In den Weinbergen Kröver Kirchlay und Steffensberg wachsen die Rebstöcke auf Grau- und Blauschiefer. Um die Rebstöcke in den Steillagen bearbeiten zu können, kommen auch Weinbergschlitten zum Einsatz – das sind schöne Bilder für die Videos. Die Weißweine bauen sie spontanvergoren aus – für natürliche Aromen.

Bis 1989 war Rotweinanbau an der Mosel nach einem Dekret des Trierer Kurfürsten von 1787 verboten – 1990 hat Pinot-Noir-Fan Udo Knodt dann gleich Spätburgunder-Rebstöcke angepflanzt. Den Rotwein bietet er auch aus dem Barriquefass an. Die besten Weine verkauft Familie Knodt unter der Bezeichnung J. A. – den Anfangsbuchstaben der Töchter Josephine und Aline. So wird die vierte Generation in das Weingut integriert. Bei der gastfreundlichen Familie fühlen sich Besucher gleich willkommen. Die Weinproben mit Hintergrundwissen und Kellerführungen sind sehr beliebt. Ein Wohlfühlort in Kröv: Im Gästehaus mit südländischem Flair in Hof und Garten stehen Gästezimmer und Ferienwohnungen für die Gäste bereit.

TIPP
Wer eine Rebstockpatenschaft übernimmt, bekommt ein persönliches Schild am Rebstock.

Weingut Knodt-Trossen
Plenterstraße 47
54536 Kröv
Tel. (0 65 41) 47 95
www.weingut-knodt-trossen.de

66

Ausflug in die Unterwelt

Wein-Nachts-Markt in Traben-Trarbach

Wenn in der Traben-Tarbacher Altstadt Menschen gruppenweise in Kellereingängen in die Unterwelt verschwinden, dann ist wieder eine Expedition in die Weingeschichte unterwegs!

Um 1900 war die Jugendstilstadt einer der bedeutendsten Weinumschlagplätze Europas – der zweitgrößte nach Bordeaux. Um die Nachfrage nach Rieslingwein von der Mosel bedienen zu können, wurden über 100 Weinhandelsfirmen gegründet. Die Wein Start-ups unterkellerten große Teile des Stadtkerns, teilweise mit mehrstöckigen und über 100 Meter langen Gewölben. Ganzjährig können die beeindruckenden Keller bei Führungen erkundet werden. An diesem besonderen Ort hören die Gäste im Halbdunkel spannende Geschichten über den Weinbau vor über 100 Jahren, Kellertechnik im Wandel der Zeiten, Weinhandel in der Zeit der Belle Époque, Weinbau heute. In manchen der historischen Kellergewölbe finden Konzerte und Weinproben statt und sie können für Feiern gemietet werden.

Höhepunkt des Jahres und ein besonderes, stimmungsvolles Erlebnis bietet der Mosel-Wein-Nachts-Markt in den imposanten Kellergewölben. Ab Ende November sind die wunderschönen Fassaden der Jugendstilhäuser in bunten Farben angeleuchtet und locken die Besucher in die einzigartige Unterwelt. Eine effektvolle Beleuchtung und wertige Weihnachtsstände mit Kunsthandwerkern schaffen eine eigene, zauberhafte Atmosphäre. Auf dem Rundgang unter den Häusern tauchen die Besucher in eine andere Welt ein und schlendern verzückt von Keller zu Keller. Fünf der Gewölbe verwandeln sich in dieser Zeit in gemütliche Markthallen. Genuss-Produkte aus der Moselregion wie Schokolade, Wurst, Käse und richtig guter Riesling-Glühwein vom Winzer stehen im Vordergrund. Das kulinarische Angebot mit leckeren Speisen und natürlich mit Moselwein wird angereichert mit weihnachtlicher Live-Musik. Während es draußen ungemütlich wird, sitzen die Gäste hier im kuscheligen Trockenen. Das unterirdische Wunderland ist sechs Wochen lang bis zum 1. Januar immer am Wochenende und zu Sonderöffnungszeiten geöffnet.

TIPP
Durch den illuminierten „Schrotgang“ gelangt man vom Moselufer direkt zum Weihnachtsmarkt.

Wein-Nachts-Markt
56841 Traben-Trarbach
www.traben-trarbach.de/de/unterwelt.html, www.mosel-wein-nachts-markt.de

67

Weingut wie im Bilderbuch

Gut Avelsbach bei Trier

Trier kann während der Saison ganz schön betriebsam sein – wie wohltuend ist dann ein Besuch im ruhigen Weinumland. Gut Avelsbach liegt idyllisch mitten in den Weinbergen oberhalb von Trier und ist ein besonderer Ort. Die ländliche Fachwerkarchitektur der Gebäude, dazu in Sichtweite die putzige Thiels-Burg, lässt romantische Architekten vermuten. Aber Bauherr war das preußische Landwirtschaftsministerium. 1899 entstand hier einer von drei „Weinanbau-Musterbetrieben". An den Hängen im Avelertal wurden Rebstöcke angepflanzt und dazu passende Weingutsgebäude errichtet.

Der heutige Besitzer, Peter Antony, ist zwar ein Berliner Weinunternehmer, stammt aber von der Mosel. Schon sein Vater hatte Weinbau im Nebenerwerb betrieben. 2020 erwarb der „Preuße" bei einem Bieterverfahren die Gebäude und die dazugehörenden 35 Hektar Weinbaufläche – der traditionsreiche Betrieb hat nun wieder eine Perspektive. Das Ziel: Gut Avelsbach als anerkanntes Weingut mit typischen Moselrieslingen zu platzieren. Mit dem Potenzial der Weinlagen ist das kein Problem. Neben der Hauptrebsorte Riesling gehören Trendrebsorten wie Grau- und Weißburgunder, Chardonnay, Regent und Spätburgunder zum Sortiment. Ebenso gebietstypischer Riesling-Sekt und -Secco. In der kalten Jahreszeit kommen weißer und roter Winzerglühwein aus eigenem Wein dazu. Der junge Kellermeister Philipp Steffes zeichnet für den großen Keller verantwortlich.

Schon jetzt ist das Hofgut ein attraktiver Ausflugsort. Im Hofladen können neben den Weinen eigene Produkte des Guts gekauft werden, im Sommer öffnet die Straußwirtschaft. Das Konzept von Gut Avelsbach sieht auch die Beschäftigung von Menschen mit Behinderung vor: In den einzelnen Bereichen können jeweils bis zu fünf Personen mit Einschränkungen betreut arbeiten. Beschäftigungsmöglichkeiten gibt es im Weinbau, in der Gastronomie, der Gartenpflege und der Landbäckerei. Das ganze Jahr über finden Veranstaltungen statt, um die sich Sohn Lukas Antony kümmert. Das Hofgut ist das perfekte Ziel für eine Landpartie.

TIPP
Der romantische Glühweinmarkt im Advent ist ein absolutes Highlight.

Gut Avelsbach
Domäne Avelsbach 2
54296 Trier
Tel. (06 51) 97 59 80
www.gutavelsbach.de

Das Glück liegt an der Mosel

Weingut Lenhardt in Mehring

Es waren einmal zwei Geschwister, die zog es auf der Suche nach dem Weinglück in die weite Welt hinaus. Zuerst schauten sie sich auf Weingütern in Deutschland um, dann studierten sie an der Weinhochschule Geisenheim University. Anschließend reisten die beiden in die Weinberge nach Portugal, Bordeaux und Neuseeland – und wo fanden sie schließlich ihr Weinglück? In Mehring an der Mosel im Weingut ihrer Mutter Christa! 2017 stiegen Eva und Christian Lenhardt in den Betrieb mit ein und ließen das Weingut, das schon ihre Urgroßeltern bewirtschafteten, wieder neu aufleben. Mit dem Blick in die Zukunft investierte die Familie mutig in Keller und Gebäude: Die neue Vinothek ist ein Hingucker mit einem tollen Ausblick auf die Weinberge an der Moselschleife. Bei der Weinverkostung sehen die Besucher die extremen Steilhänge des Mehringer Blattenbergs und der Großen Gewächslage Layet.

Auf 6 Hektar bauen die Lenhardts nur Weißwein an – überwiegend Riesling, aber auch etwas Rivaner und Weißburgunder. Viele der Rebstöcke sind über 50 Jahre alt. Bei der Qualitätspyramide orientiert sich die Familie am VDP-Modell mit Gutsweinen, Orts- und Lagenweinen. „Handarbeit & Herzblut – Modern & Mosel" heißt das Motto der Geschwister. Im Weinberg drehen sie an verschiedenen Stellschrauben, um die Qualität zu steigern: optimaler Lesezeitpunkt, mehrere Lesedurchgänge, genaue Selektion der Trauben. Das Ziel: Sie wollen frische, fruchtige, mineralische Weine erzeugen. Das haben sie bei ihren Auslandsreisen erfahren: Die Herkunft eines Weins soll schmeckbar sein. Aber auch die junge Dynamik ihres Weingutes soll sich in der Stilistik ihrer Rieslinge spiegeln. Bei der Knochenarbeit in der Steillage mit bis zu 70 Prozent Neigung haben Eva und Christian auch gelernt, das Potenzial ihrer blauen Schieferweinberge zu schätzen. Das motiviert sie und ist ihr persönliches Glück.

An dem Glück können Besucher teilhaben: Zu festen Terminen mit den Regionalzeitungen und nach Vereinbarung bietet die Familie begleitete Weinproben mit Eva, Christa oder Christian Lenhardt und einer leckeren Vesperplatte an.

TIPP
Mitte Mai an der Weintournee Mehring mit After-Show-Party teilnehmen.

Weingut Lenhardt
Wiesenflurweg 4
54346 Mehring
Tel. (0 65 02) 72 98
www.weingut-lenhardt.de

69

Der rosarote Ponyhof

Weingut Biewers in Tawern-Fellerich

Was machen denn die Ponys im Weinberg? Ein Weingut ist doch kein Ponyhof – oder doch? Im Leben des Winzerpaares Michael und Melanie Biewer hat sich einiges verändert, seit sie zwei Töchter haben – selbst die Art, Wein zu machen. Jetzt gibt es sogar eine Rosa Edition mit Rosé Secco, inspiriert von Elena: „verspielt wie eine sommerliche Blumenwiese". Und einen Rosarot feinherb, eine Anspielung auf Rosalie: „wie ein Sommerregen mit prickelnder Säure". Eine Weinprobe lässt sich im Übrigen perfekt mit Ponys verbinden: Während die Weinfreunde an den Gläsern nippen, können sich begleitende Kinder derweil mit den beiden Pferdchen beschäftigen. Bürsten, putzen und eine Runde reiten.

14 Hektar Weinberge bearbeitet die Familie Biewer. Den Önologen und die Landschaftsarchitektin verbindet die Liebe zur Natur. Im Weinberg konzentrieren sie sich auf den Elbling – die älteste deutsche Rebsorte, eine Spezialität der Obermosel. Zudem haben sie Burgundersorten wie Auxerrois, Weiß-, Grau- und Spätburgunder im Angebot. Familie Biewers stellt gerne Cuvées zusammen – eine „Vermählung" von verschiedenen Rebsorten zu einem besonderen Geschmackserlebnis. Die Einsteiger-Cuvées haben poetische Namen wie Piepmatz, ein Sommer-Cuvée, oder Michel fruchtig. Viel Aufmerksamkeit widmen die beiden auch ihrem schönen, ursprünglich angelegten Garten. Die Familie erfreut sich an der Blütenpracht und den Obstbäumen. Da verwundert es nicht, dass auch das regionaltypische Apfelwein-Getränk Viez im Weingut angeboten wird.

Mitten durch die idyllisch gelegenen Weinberge führt der Premiumwanderweg Moselsteig. An einer Stelle mit einer besonders schönen Aussicht hat die Winzerfamilie sich einen Traum erfüllt und mit viel Liebe zum Detail „Biewers Jausenstation" errichtet. Auf bequemen Liegestühlen sitzen die Wanderer und genießen leckere kleine Speisen. Natürlich gibt es an diesem schönen Ort den Jausenwein: eine gelungene Cuvée aus Elbling und Weißburgunder. Passend zu dem Geruchserlebnis im Weinberg mit einem Hauch von Fenchel, Pfefferminze und Estragon.

TIPP
Im September das Jausenfest auf der Raststation am Moselsteig erleben.

Weingut Biewers
Schulstraße 3
54456 Tawern-Fellerich
Tel. (0 65 01) 60 34 05
www.weingut-biewers.de

PIEPMAT
Sommer Cuvée

Mosel – grenzenloses Weinglück

Weinexpedition im **Dreiländereck:** Weinreben wachsen an der Mosel nicht nur in Deutschland, sondern auch in Luxemburg und in Lothringen in Frankreich. 36 Kilometer lang ist die „Musel" Grenzfluss zwischen Luxemburg und Deutschland. Schnell mal zu Fuß oder mit dem Fahrrad ohne Grenzkontrollen über die Brücke zum Winzer nach Luxemburg – das ist spätestens seit dem Schengener Abkommen kein Problem. Der kleine Winzerort Schengen liegt sinnigerweise an der Mosel genau im Dreiländereck, verbunden durch die alte Moselbrücke mit dem deutschen Weinort Perl.

„Miseler" heißen in **Luxemburg** die Bewohner der Moselregion. Sie gelten als lebenslustig und gastfreundlich. Die Weinberge sind hier nicht so steil wie an der Mittelmosel – aber der Weinbau auf rund 1300 Hektar hat eine genauso lange Tradition. Eine Entdeckungsreise zu den Winzerdörfern am Fluss entlang, auf den 42 Kilometern von Wasserbillig bis Schengen, lohnt sich. Rund die Hälfte der Weinberge ist mit Burgunder-Rebsorten bestockt – überwiegend weiß, auch etwas Spätburgunder Rotwein ist dabei. Auf einem Viertel der Fläche wächst Rivaner (Müller-Thurgau) – Riesling und Elbling spielen eine untergeordnete Rolle. Schaumwein heißt hier nicht Sekt, sondern Crémant und ist häufig von sehr guter Qualität. Rund 65 Weingüter

„Miseler" gelten als lebenslustig und gastfreundlich

bieten ihre Weine an. Zum Beispiel die Caves St Martin in Remich. In den spektakulären Höhlen wird der Schaumwein nach der traditionellen Flaschengärmethode hergestellt.

Rund die Hälfte der Weinberge wird von der **Winzer-Genossenschaft „Domaines Vinsmoselle"** bewirtschaftet. Ihre 240 Mitglieder bauen Wein entlang der Mosel von Schengen bis Wasserbillig an. An vier Standorten können Besucher das umfangreiche Sortiment verkosten – die Kellerei in Wellenstein öffnet ihre Türen für Führungen und ausgedehnte Wein- und Crémant-Verkostungen. Besonders die Crémants sind sehr zu empfehlen!

Die Luxemburger sind übrigens selbst ihre besten Kunden: Mit einem Verbrauch von fast 50 Litern pro Kopf pro Jahr liegen sie weltweit hinter dem Vatikan (74 Liter) auf Platz zwei. Sie trinken rund doppelt so viel wie die Deutschen. Noch eine Besonderheit: Wein trinken Luxemburger gewöhnlich eher kühl – Weißweine häufig mit gerade mal 8 Grad. Und noch ein Tipp: In der Domaine Viticole Kohll-Reuland in Ehnen sitzen die Besucher am Wochenende in der Bar à vin „De Riefstack" auf der malerischen Terrasse und genießen den Wein.

Hinter der Grenze in **Frankreich** heißt die Mosel „La Moselle" – der Name leitet sich aus „kleine Maas" ab. Vignoble de Lorraine heißt das Anbaugebiet, in dem früher 50.000 Hektar angebaut wurden – heute sind es gerade mal 700 Hektar an der „Côtes de Moselle" in der Nähe von Metz und an der „Côtes de Toul" in der Gegend von Nancy. Die **Weinregion Lothringen** ist beliebt als Reiseziel für Schiffs- und Radtouren. Architektonisch interessante Weingüter mit ansprechenden Weinen sind Vignobles Molozay – Château de Vaux in Scy-Chazelles, Domaine de l'Ambroisie in Toul (mit vielen Mirabellenprodukten), Domaine les Béliers in Ancy (sehr modern mit Gästezimmern) und Domaine Régina in Bruley mit einem alten Winzerhaus von 1822. Winzerin Isabelle Mangeot wurde schon als „Winzerin des Jahres" ausgezeichnet.

„Via mosel" nennt sich das erste grenzüberschreitende weintouristische Angebot Europas – im Fokus steht die Weinarchitektur. Auf der Webseite viamosel.com sind alle Weindörfer und Weingüter aufgelistet.

Vom Weingut zur Sterneküche

Restaurant Schanz in Piesport

Eine ungewöhnliche Erfolgsstory: Seit über vier Jahrzehnten bauen Erich und Gabi Schanz Wein an und betreiben das Weinhaus Schanz. 1992 erweiterten sie den Betrieb um ein kleines Hotel garni. So weit – so erwartbar. Aber dann kommt Sohn Thomas: Nach der Ausbildung zum Hotelkaufmann lernt er zum Glück noch Koch und arbeitet bei genialen Drei-Sterne-Küchenzauberern wie Klaus Erfort an der Saar und Helmut Thieltges in der Eifel. 2011 eröffnet Thomas Schanz in Piesport neben dem elterlichen Hotel ein feines kleines Restaurant. Schon nach drei (!) Monaten hat er sich den ersten Stern erkocht, 2021 kürte der Gault Millau ihn zum Koch des Jahres, 2022 erhielt er den dritten Stern und stieg in den Kocholymp auf. Und dabei blieb der „Koch aus Leidenschaft" so, wie sich viele Gäste Spitzenköche wünschen: bodenständig, bescheiden und ohne Dauerpräsenz in Kochshows.

Im Grunde ist auch das Drei-Sterne-Restaurant eine klassische familiengeführte Moselgastronomie: Vater und Mutter sind im Betrieb präsent, im Gästehaus fühlen sich die Gourmetgäste herzlich umsorgt und gut aufgehoben. Head-Sommelier Aleksandar Petrovic empfiehlt treffsicher aus über 150 regionalen und über 150 europäischen Positionen auf der Weinkarte die passendenden edlen Tropfen. Natürlich stehen die familieneigenen Schanzweine ebenso auf der Liste. Zu den herausfordernden Gerichten hat der aus Österreich stammende Sommelier aber auch harmonisch korrespondierende alkoholfreie Getränkeideen. Und die Gerichte? Thomas Schanz jongliert gekonnt mit Aromen und versteht es, aus besten Zutaten spannungsgeladene Geschmackskompositionen auf den Teller zu zaubern. Ein mittlerweile bekannter Klassiker ist sein Trüffel-Ei: eine Trüffel-Royale unter Trüffel-Schaum – in der Eierschale serviert! Auch wenn viele Kreationen an die feine französische Küche erinnern, überzeugen die Gerichte mit authentischer Eigenständigkeit. Hummer aus St. Malo und Bretonische Felsenrotbarbe stehen ebenso auf der Karte wie karamellisierte Bucheckern und Eifler Rehrücken.

TIPP
Eine Weinprobe im Weinhaus im entspannten Ambiente genießen.

schanz. hotel. restaurant
Bahnhofstraße 8 a
54498 Piesport
Tel. (0 65 07) 9 25 20
www.schanz-restaurant.de

71

Der summende Weinberg

Weingut Weis in Zell

Das Weingut, in dem Wein und Honig fließen – und das nicht nur beim Met, dem hauseigenen Honigwein. „Honig und Wein sind unsere Leidenschaften!", betont Winzer und Imker Robert Weis. Im ganzen Betrieb summt und brummt es irgendwie: Den Wein und den Honig verkaufen sie in der „Binothek". In diesem Schleckerland können Besucher gleich beides probieren. Und wer genau wissen will, wo die Produkte herkommen, den führt Robert Weis zu den Bienenstöcken und in die Weinberge. In der Weinlage Zeller Schwarze Katz hat die Familie schon immer für dauerhafte Bodenbegrünung zwischen den Zeilen gesorgt: Die Bienen brauchen ausreichend Blüten! Der lebendige Boden sorgt zudem für eine gute Nährstoffversorgung der Rebstöcke. Das Weingut konzentriert sich auf die Rebsorten Riesling und, für die Mosel eher ungewöhnlich, die Rotweinsorte Dornfelder. Die Trauben werden hier per Hand gelesen. Der Weißwein gärt im Edelstahltank, der Rotwein durchläuft die „offene Maischegärung" und reift anschließend in kleinen Barrique-Holzfässern – im Schnitt sechs bis zwölf Monate lang.

Die Hobbyimkerei hat in der Familie eine lange Tradition. Bei der Produktion des leckeren Honigs arbeiten sie genauso sorgfältig wie beim Wein: Den Honig schleudern sie aus der Wabe bei Stockwärme – so bleiben möglichst viele natürliche Inhaltsstoffe erhalten. Robert Weis kann einiges über seine Bienenvölker erzählen – so zum Beispiel, dass sie 40 000 Mal ausfliegen müssen, um Pollen und Nektar für 500 Gramm Honig zu sammeln. Wie beim Wein gibt es auch bei seinen Bienen verschiedene Geschmacksrichtungen: Waldblüten-, Sommerblüten- und Frühtrachthonig sind im Angebot. Auch Liköre und Brände haben es der Familie angetan. In der eigenen Familienbrennerei destillieren sie Trester-, Hefe- und Obstbrände. Bei den Geschmacksrichtungen ist die Familie Weis sehr erfinderisch: Moselwalnuss, Schokolade-Chili-Likör und, natürlich, Bienenzauber vom eigenen Honig stehen auf der Likörliste.

TIPP
Typisch für die Region: hausgemachter Weinbergpfirsichlikör.

Weingut & Imkerei
Robert Weis
Mittelstraße 8
56856 Zell
Tel. (0 65 42) 55 26
www.weis-wein.de

Weis
WEINGUT & IMKEREI

72

Ein Riesling der Gemütlichkeit

Weinfest mit Weinprobe in Leiwen

Es gibt sie noch – die traditionellen Mosel-Weinfeste im großen Festzelt mit überschäumender Lebensfreude! Das Weinfest in Leiwen genießt dank der bekannten Jahrgangsweinprobe überregionale Aufmerksamkeit. Weinfreunde aus der Region und von überallher besuchen am dritten Augustwochenende Leiwen, um am Weinfest und der außergewöhnlichen Jahrgangsweinprobe des Vereins Riesling Winzer Leiwen teilzunehmen.

An vier Tagen feiern die Menschen an der Mittelmosel das traditionsreiche Fest. Den Auftakt bildet wie bei einer Weinprobe der Sekt: Freitagabends „schäumt" das Festzelt über. Ein großer Sektstand ist Mittelpunkt der Schaumweinparty mit DJ. Am Samstagabend wird die neue Ortsweinkönigin feierlich gekrönt, am Sonntag folgt der Festumzug durch Leiwen. Die Winzertanzgruppe, Musikvereine und die Weinkönigin auf dem Festwagen unterhalten die Besucher. Entlang der Route wird Wein an die Zuschauer ausgeschenkt.

Zweifellos der Höhepunkt des Weinfestes ist die kultige Weinprobe am Montagabend. Zwei Sekte und 14 Weine schenken die Mitglieder der Winzertanzgruppe den 1500 Teilnehmerinnen und Teilnehmern des Weinspektakels in die Probengläser. Natürlich alles Riesling! Die Winzerinnen Senta und Lisa Schmitt moderieren den Abend und interviewen die Winzerinnen und Winzer auf der Bühne. Weinprofis aus der Szene wie David Kunsch von Lobenbergs Weine oder Wein-Influenzer #asktoni kommentieren fachlich die einzelnen Weine. Eine Liveband spielt, während der nächste Wein eingeschenkt wird – die Stimmung steigt und endet in einer großen Weinparty. Zwischen den Tischen stehen um die 500 Zuschauer, um sich das Spektakel anzuschauen und um später beim Tanz dabei zu sein. Für viele Besucher läutet das Motto „Riesling, Stars & Hits" die heißeste Nacht an der Mosel ein. Die Atmosphäre unterscheidet sich deutlich von Zelt-Bierfesten: Bei Weinfesten herrscht zwar auch schon mal Partystimmung – aber immer mit Stil. Der Weingenuss steht im Vordergrund.

TIPP
„Riesling tanzt" – das ist die Wein-Probe-Party im April im Forum Livia.

Die Riesling Winzer Leiwen e. V.,
Stefanusstraße 4
54340 Leiwen
Tel. (0 65 07) 42 76
www.rieslingwinzer-leiwen.de

73

Der Sound des Schiefers

Weingut Heymann-Löwenstein in Winningen

Was Weinbau in Schieferterrassen wirklich bedeutet, zeigt sich eindrucksvoll an der Terrassenmosel: Ein üppiger Steingarten mit Trockenmauern in schwindelerregender Höhe über dem Fluss. Dort oben stehen die Rebstöcke – mal einzeln, mal in einem Drahtrahmen verbunden. Wer arbeitet dort oben? Wer tut sich das an?

Zum Beispiel die Familie Löwenstein seit über 500 Jahren, mittlerweile seit 14 Generationen. In der jetzigen Form gibt es das Weingut seit 1980. „Schieferflüsterer" Reinhard Löwenstein und Cornelia Heymann-Löwenstein haben das Thema Terroir intensiv bearbeitet – Tochter Sarah entwickelt es weiter. Riesling aus Schieferterrassen wie ein „Flirt von Frucht und Stein, Sonne und Mond" – jede Terrasse schmeckt anders. Und so individuell werden die Weine aus den Parzellen auch behandelt. Schon seit über 30 Jahren setzt das Weingut auf sogenannte spontane Vergärung mit wilden Umgebungshefen. 18 Monate reifen die Weine in großen Holzfässern auf der Hefe. Damit die natürliche Gärung auch gut gelingt, achten die Löwensteins auf gute Bedingungen im Herzen des Weingutes – dem Weinkeller. Positive Energie wird dem Gärkeller zugeführt mit Beschallung durch Orgelpfeifen aus Metall und einem offenen Wasserlauf. Auch wenn es nicht wissenschaftlich nachweisbar ist: Die natürliche Gärung funktioniert auf jeden Fall sehr gut. Für die Weinwelt gehören die Rieslinge des Weingutes zur Weltspitze, gute Jahrgänge erzielen schon mal die höchstmögliche Bewertung von 100 Punkten. Die charakterstarken Weine, besonders die Großen Gewächse aus dem Winninger Uhlen, versetzen Weingenießer in Verzückung: Es sind geschmackliche Kunstwerke, die sich im Mund entfalten.

Auf dieses „Mundgefühl" setzt Reinhard Löwenstein, der mit seiner Stilistik den Riesling-Ausbau in Deutschland sehr stark beeinflusst hat. Der „Rebell von der Mosel" und kluger Buchautor von „Weinkultur und Weingenuss in einer globalen Welt" praktiziert Moselweinbau mit Kopf, Herz und Seele wie kaum ein anderer. Und die Zukunft? Sarah Löwenstein und Kellermeisterin Kathrin Höhler komponieren mit einem jungen Team weiter an der Sinfonie des „Sound of Slate".

TIPP
Regelmäßig gibt es auch Kunstausstellungen und Lesungen im Weingut.

Weingut Heymann-Löwenstein
Bahnhofstraße 10
56333 Winningen
Tel. (0 26 06) 19 19
www.hl.wine

HEYMANN-LÖWENSTEIN

74

Hut ab vor den Brennern

Weingut & Destillerie Hutmacher in Oberemmel

Wein und Brand gehört für viele Winzer zusammen – beides sind landwirtschaftliche Produkte, in beiden Fällen entsteht schließlich aus einer Frucht ein alkoholisches Getränk. Im Weingut Hutmacher steht ein 150 Liter großer, stilechter Kupferkessel mit einer aufwendigen Destillierapparatur. Schon seit Generationen verfügt die Familie Hutmacher über das sogenannte „Brennrecht" – die Lizenz, hauseigene Brände aus reifen Äpfeln, Birnen, Mirabellen und Zwetschgen zu brennen. Besucher können von November bis Februar zuschauen, wie der spannende Prozess abläuft: „Hutgespräch" nennen die Hutmachers ihr Erlebnisschnapsbrennen. Zu den alkoholischen Genüssen gibt es passend ein Trester-Menü. Auch beim Ginbrennen können Gäste live dabei sein. Am „Gin-Wochenende" servieren Hutmachers sogar mit Gin verfeinerte Gerichte dazu.

„Klein aber fein" lautet die Devise des ambitionierten Familienbetriebs. Die Rieslinge aus den Schieferböden an der Saar stehen im Mittelpunkt – auf zwei Dritteln der Fläche wird der Klassiker angebaut. Feinherb mit angenehm dezenter Fruchtsüße, so mag es die Kundschaft. Ebenso beliebt sind die cremigen Weißburgunder und die roten Spätburgunder – gerne auch weiß abgepresst. Mit der pilzwiderstandsfähigen Rebsorte Regent steht ein für die Mosel eher ungewöhnlicher Rotwein auf der Liste. Geschätzt werden auch regionaltypische Produkte wie „Viez-Champes", ein Apfelwein-Secco.

Ein wahres Erlebnis ist die Straußwirtschaft. In der mit Antiquitäten und Klavier geschmackvoll eingerichteten Weinstube mit Schatzkammer sitzen die Gäste sehr gemütlich – der Zugang ist barrierefrei. Von der Schieferterrasse bietet sich ein toller Ausblick auf die Weinberge und das Tal: perfekt für den Feierabend-Genuss bei Sonnenuntergang, ein besonderer Wohlfühlort. Die kreativen Gerichte von Jutta Hutmacher werden hochgelobt: ob einfache Bauernsülze mit Rosmarinkartoffeln, Käse-Kräuter-Quiche oder Pinot-Noir-Hühnchen. Auch Tapas bereitet die Köchin aus Leidenschaft als leckere Snacks zum Moselwein zu.

TIPP
Unbedingt bei „Wein im Wingert" dabei sein – Weinverkostung mit Fingerfood.

Weingut & Destillerie Hutmacher
Brotstraße 6
54329 Konz-Oberemmel
Tel. (0 65 01) 1 55 57
www.weingut-hutmacher.de

75

Der Moderator und der Wein

Weingut von Othegraven in Kanzem

Auf den ersten Wein-Blick haben ein prominenter TV-Moderator und ein Weingut wenig miteinander zu tun – man vermutet eine Marketing-Aktion wie bei Joko Winterscheidt und Schauspieler Matthias Schweighöfer in Rheinhessen. Auf den zweiten Blick offenbart sich eine klassische Winzer-Familiengeschichte: Seit über 200 Jahren befindet sich das Weingut, dessen Ursprünge auf das 15. Jahrhundert zurückgehen, in Familienbesitz. Nachkomme Günther Jauch übernahm das historische Anwesen 2010 und verkörpert damit die siebte Generation. Natürlich ist der TV-Moderator mit seiner Fernseharbeit terminlich sehr eingespannt – aber wann immer möglich kommt er an die Saar: Seine Frau Thea ist noch häufiger vor Ort.

Nachhaltiges Engagement: Geduldig schenkt Günther Jauch auf Weinmessen seine hoch bewerteten Weine in Probierschlucken an Weinliebhaber aus. Seit er sich um das Weingut kümmert, ist die Fachwelt begeistert: „Innerhalb eines Jahrzehnts hat er gemeinsam mit Ehefrau Thea den Familienbetrieb aus der Vergessenheit wieder ins Licht geführt!“, schrieb der Weinführer VINUM bei der Verleihung des Preises „Winzer des Jahres“.

Das Weingut von Othegraven mit dem traumhaften Gutshaus in einem englischen Landschaftsgarten steht zusammen mit der anschließenden Grand-Cru-Lage Kanzemer Altenberg als Kulturdenkmal unter Denkmalschutz. Das VDP-Weingut gehörte schon vor über 100 Jahren zur Spitze der deutschen Weingüter. Auf 16 Hektar in besten Lagen an der Saar wird ausschließlich Riesling angebaut. Hochgelobt werden vor allem der Riesling Kabinett aus dem Kanzemer Altenberg: Perfekter Riesling-Genuss mit sehr niedrigen Alkoholwerten. Bei mehreren Veranstaltungen im Jahreslauf wie der Jahrgangspräsentation mit Live-Band, dem „SaarRieslingSommer“ und „Winter, Wein, Genuss“ können die Besucher die einmalige Parkanlage genießen. In der Region freut man sich über den prominenten Winzer: Hier wird er „JJ“ genannt, Joker Jauch. Wegen des TV-Promis spricht man wieder bundesweit über die Saar – das sorgt für Aufwind.

TIPP
In der Vinothek werden Stehverkostungen und geführte Weinproben angeboten.

Weingut von Othegraven
Weinstraße 1
54441 Kanzem
Tel. (0 65 01) 15 00 42
www.von-othegraven.de

76

In vino Wellness

Wellnesshotel Kessler-Meyer in Cochem

„Die Kraft der Traube" – nicht nur im Wein entfaltet das Naturprodukt seine Wirkung. Als Wundermittel für Haut, Haare und Nägel wirkt Traubenkernöl auch bei äußerlicher Anwendung. Ob trockene, empfindliche oder Mischhaut: Es findet sich immer das passende Traubenprodukt. Wein und Wellness – die beiden gehören zusammen wie Wein und Kulinarik.

Das 1978 in Cochem gegründete Hotel hat sich über die Jahrzehnte zu einer Wellness-Oase weiterentwickelt. Seit 2015 leiten David und Denise Meyer das Familienhotel – die Tätigkeiten haben sie sich aufgeteilt: Um die Reservierungen und die Küche kümmert sich David, die Bereiche Spa, Housekeeping und Service gehören zum Aufgabenbereich von Denise. Man kann es spüren: Beide haben eine emotionale Bindung zu ihrem Hotel. Seniorchef Rudolf Meyer bietet geführte Wanderungen und Weinproben an. Als Önologe ist er auch für die hauseigenen Weine zuständig.

„Well & Wine" lautet das schlüssige Wohlfühl-Konzept des Hauses, auf den Handtüchern ist das Motto gestickt – verziert mit einem Traubenlogo. Das Wellnesshotel verwöhnt seine Gäste mit einer Saunalandschaft und einem Schwimmbad mit Whirlpool. Dazu gehören Massage- und Beautybehandlungen und ein Spa Bistro. Entspannung steht beim „Weinurlaub" im Vordergrund. Weinwanderung an der Mosel, anschließend in die Sauna mit Farb- und Lichttherapie, im Deckchair liegen und Tee trinken, später dann eine Weinprobe mit Cochemer Weinen im hauseigenen Winetastingroom: Klingt nach einem guten Wellnesstag! Regionalität und Nachhaltigkeit spielen beim Hotelrestaurant „Cochem" eine große Rolle. Die Gäste sitzen auf der Terrasse oder in den verschiedenen gemütlichen Restaurantbereichen. Die Zutaten der frischen, saisonalen Küche haben kurze Lieferwege: Geflügel aus der Moselregion, Käse aus der Eifel, Gemüse aus Bullay und natürlich Wein von der Mosel kommen auf den Tisch. Auch in kleinen Details spielt der Wein eine Rolle: Stammkunden sammeln im Well & Wine Club Trauben als Treuepunkte.

TIPP
Das Angebot Well & Wine Days buchen – vier Tage Entspannung pur.

Moselromantik-Hotel Kessler-Meyer
Am Reilsbach 10–14
56812 Cochem-Sehl
Tel. (0 26 71) 9 78 80
www.hotel-kessler-meyer.de

Bibliografische Information der Deutschen Nationalbibliothek
Die Deutsche Nationalbibliothek verzeichnet diese Publikation in der Deutschen Nationalbibliografie; detaillierte bibliografische Daten sind im Internet über http://dnb.d-nb.de abrufbar.

Konzeption/Satz: Droste Verlag, Düsseldorf
Einbandgestaltung und Illustrationen: Britta Rungwerth, Düsseldorf, unter Verwendung von Bildern von © stock.adobe.com: Tsvetina
Fotos: S. 9: Weingut Stein; S. 11: Hegemanns Online Marketing; S. 13: Weinbar Trier; S. 15: Moseljünger e. V.; S. 17: Marco Schwarz; S. 19: Weingut Lehnert-Veit; S. 21: Archiv der Tourist-Information Ferienland Cochem; S. 23: Ralf Schuh; S. 25: Weingut Schlagkamp-Desoye; S. 27, S. 47: Oliver Platz; S. 29: Weingut Leo Fuchs; S. 31: Alte Mühle Höreth; S. 33: Vereinigte Weingüter der Klüsserather Bruderschaft e. V.; S. 35: Weingut Franzen; S. 37: Weingut Staffelter Hof; S. 39: Weingut Gindorf; S. 41: Rheinland-Pfalz Tourismus GmbH; S. 43: Weingut Van Volxem; S. 45: Brommenschenkel GmbH; S. 49: VinoForum; S. 51: Christopher Arnoldi; S. 53: Moselcampingplatz Rissbach; S. 55: Weingut Matthias Dostert; S. 57:Restaurant vierzehn85; S. 59: Weingut Endesfelder; S. 61: Andrea Kruft; S. 62: Förderverein Neumagener Weinschiff e. V.; S. 65: Weingut Maximin Grünhaus; S. 67: Zeltinger Hof GmbH; S. 69: Jennifer Immich; S. 71: Trier Touris-mus und Marketing GmbH; S. 73: Wein- und Ferienregion Bernkastel-Kues; S. 75: Weingut Caspari Eggert; S. 77: Weingut Sandra Berweiler; S. 79: Maxime Herkunft Moselwein e. V./Chris Marmann; S. 81: Weingut Geschwister Köwerich; S. 83: Saarweingut Weber Brüder; S. 85: Sandra Fehr/Heroes of Riesling; S. 87: Weingut Alten; S. 89: St.Laurentius Sekt GmbH; S. 91: Weingut Stefan Hermen; S. 93: Wolfgang Junglas; S. 95: Weingut Gehlen Cornelius; S. 97: © Carsten Neß; S. 99: Weingut Markus Molitor; S. 101: Winzerhof Gietzen; S. 103: Christian Lehrian; S. 105: Weinland Mosel; S. 107: Markus Basler; S. 109: Saar-Obermosel-Touristik e. V./H. P. Merten; S. 111, S. 131: Hotel Deinhard's; S. 113: Reichsgraf von Kesselstatt GmbH; S. 115: Buddha Museum GbR; S. 117: Weingut Peter Lauer; S. 119: Landhaus Halferschenke; S. 121: Weingut Friedhelm Lenz; S. 123: © Andreas Conrad, Föhren; S. 125: Sekthaus Bender; S. 127: CIT/Helmut Thewalt; S. 129: Weingut Schloss Lieser; S. 133: Weingut Hain; S. 135: Niels Kruithof; S. 137: Hotel Weingut Weis; S. 139: Weinmanufaktur Petershof; S. 141: Gutshof Zenz; S. 143: Franzi Luft Photography; S. 145: © www.photone.fotograf.de; S. 147: Gut Avelsbach; S. 149: Weingut Lehnhardt; S. 151: Esther Janssen Photografie; S. 153: Domaines Vinsmoselle; S. 155: Susanne Schug; S. 157: Weingut Robert Weis; S. 159: Riesling Winzer Leiwen e. V.; S. 161: Weingut Heymann-Löwenstein; S. 163: Weingut Hutmacher; S. 165: Weingut von Othegraven; S. 167: Hotel Kessler-Meyer

FSC® www.fsc.org MIX Papier | Fördert gute Waldnutzung FSC® C011279

Druck und Bindung: LUC GmbH, Greven
ISBN 978-3-7700-2421-6
www.droste-verlag.de